비밀

비밀

폴 투르니에 | 소승연 옮김

IVP

IVP(InterVarsity Press)는
캠퍼스와 세상 속의 하나님 나라 운동을 지향하는
IVF(InterVarsity Christian Fellowship)의 출판부로
생각하는 그리스도인을 위한 문서 운동을 실천합니다.

Originally published by Labor et Fides
as *Le Secret* by Paul Tournier
ⓒ 1963 by Labor et Fides
Translated by permission of Labor et Fides
1 rue Beauregard, 1204 Genéve, Suisse

This Korean edition is based upon English translation
Secrets(John Knox Press, 1965)

Korean Edition ⓒ 1995, 2005, 2022 by Korea InterVarsity Press
156-10 Donggyo-ro, Mapo-gu, Seoul 04031, Korea

Le Secret

by
 Paul Tournier

Le Secret 차례

1_ 비밀의 필요성　　09

2_ 개인에 대한 존중　　31

3_ 비밀의 고백　　55

4_ 정신 치료와 비밀　　77

5_ 결혼 생활과 비밀　　91

6_ 하나님의 비밀　　113

주　　127

1_ 비밀의 필요성

소녀가 학교 수업을 마치고 혼자 집으로 오고 있다. 그녀의 이름은 프란시스다. 지금까지는 항상 엄마가 프란시스를 학교까지 바래다주고 데려오곤 했다. 학교는 집에서 그리 멀지 않았고, 학교로 가는 길은 언덕으로 이어져 있었다. 프란시스와 엄마는 진열창이 아름답게 꾸며진 상점들이 즐비하게 늘어선 왼쪽 길을 따라 걷기도 했고, 아무 상점도 없는 반대편 길을 따라 걷기도 했다.

그러던 어느 날 엄마는 이제 프란시스가 혼자서도 충분히 학교에 갈 수 있겠다고 생각했다. 아이들이라면 누구나, 혼자서 학교에 가도 좋다고 허락받은 그 날을 중요한 진급의 의미로 받아들인다. 프란시스 역시 매우 자랑스러웠고, 그래서 오늘은 의기 양양하게 집으로 돌아오고 있다. 집에 도착하자 프란시스는 엄마의 목을 끌어안았다. 엄마는 딸보다 한층 더 흥분해서는 요모조모 묻기 시작한다. "아무 일 없었니? 너 혼자 걸어왔니, 아니면 친구들하고 같이 왔니? 올 때는 상점 쪽으로 왔니, 아니면 다른 쪽으로 왔니?"

엄마가 이렇게 질문을 퍼부어대자 프란시스는 기분이 금세 상했다. "상점을 따라 걸었어요"라고 대답했지만, 사실은 다른 쪽으로 왔다. 이렇게 말해놓고서 프란시스는 깜짝 놀랐다. 그리고 혼란에 빠졌다. '내가 지금 거짓말을 한 것일까?' 요컨대, 프란시스가 상점 쪽 길을 택했든 반대쪽 길을 택했든 그것이 뭐 그리 중요한가? 그리고 프란시스는 왜 아무 생각도 없이 이런 대답을 불쑥 내뱉은 것일까?

그런데 엄마는 왜 그런 질문을 했을까? 엄마는 프란시스가 어느 쪽 길을 따라 걸었는지를 왜 그렇게 알고 싶어했을까? 아마도 정말로 알고 싶어서 묻지는 않았을 것이다. 엄마는 말을 걸고 질문을 하고 될 수 있는 대로 많이 물어 봄으로써, 딸이 혼자 학교에서 돌아오는 동안 집에서 안절부절못했던 자신의 마음을 안심시키고자 했을 뿐이다. 그러나 프란시스는 홍수같이 쏟아지는 엄마의 질문이 성가셨고, 결국 화를 내고 말았다. 만약 프란시스가 혼자서도 학교에 갈 수 있을 만큼 컸다고 생각한다면, 엄마는 마땅히 밖에서 있었던 일들을 모조리 얘기하도록 요구하지 말았어야 했다.

프란시스가 거짓말을 한 것은 아니다. 소녀는 매우 착하고 솔직하며, 집으로 오는 도중에 딴청을 하지 않고 곧장 집으로 오는 그런 아이다. 하지만 소녀는 비밀을 간직하기 위해서 그

🌿 프란시스는 더 이상 모든 것을 엄마에게 말하지 않아도 된다고 느끼기 시작한 것이다. 아주 작고 사소할지는 모르지만, 프란시스에게는 비밀이 필요했다.

렇게 대답했고, 그러고 나서 혼란스러웠다. 프란시스는 지금까지 중요한 것이라면 엄마에게 하나도 숨기지 않던 아이였다. 그러나 이제는 혼자서도 학교에 갈 수 있기 때문에, 더 이상 모든 것을 엄마에게 말하지 않아도 된다고 느끼기 시작한 것이다. 아주 작고 사소할지는 모르지만, 프란시스에게는 비밀이 필요했다. 이것은 정말 중요한 사실이다. 그런데 엄마는 이 사실을 이해하지 못했고, 그래서 무분별하게 이것저것 꼬치꼬치 캐물었던 것이다.

태어나기 전에는, 아이는 엄마의 한 부분일 뿐이다. 그런데 태어난 후에 탯줄이 끊어졌느냐 안 끊어졌느냐는 그리 중요한 문제가 되지 않는다. 탯줄이 끊어졌어도 아이는 아주 오랫동안 엄마에게 절대적으로 의존해야만 한다. 아이는 아직 독립된 개인이 아니다. 아이는 여전히 엄마의 아기이며 전적으로 엄마에게 의존할 뿐이다. 아이는 모든 것을 엄마에게 말해야 한다고 느낀다. 이 때까지 아이에게 비밀은 없으며, 남들에게는 말하지 않을 것도 엄마에게는 말한다. 내 아버지 루이 투르니에(Louis Tournier)는 어린이에 대한 어떤 시에서 이 점을 표현했다.[1]

1. 비밀의 필요성

엄마의 무릎에

어린 피터는 한참을 소리 없이 앉아 있네.

그리곤 엄마에게 물어 보았지.

사랑하는 엄마,

비밀이란 게 뭐예요?

-그건 말이야, 네가 알고 있는 무엇이란다.

하지만 넌 그걸 누구에게도 말하지 않고 혼자서만 간직해야 돼.

엄마한테도?

-아니야, 엄마한테는 어떤 비밀도 있어선 안 돼.

아! 알았어요. 어떻게 해야 하는지 알겠어요.

난 엄마에게 내 비밀을 말할게요.

엄마 품을 파고들며 피터는 속삭였네.

엄마, 엄마, 난 엄마를 정말 사랑해요.

그러자 엄마는 사랑스럽다는 듯이 아이를 바라보고 뽀뽀해 주었지.

"네 비밀은 엄마의 비밀이란다.

이제부터는 나도 네 비밀을 간직할게.

사랑하는 아이야, 난 네 비밀을 아무에게도 이야기하지 않을게."

　세월이 흐르고, 아이는 자란다. 학교에 입학하고 마침내는 혼자서 학교에 다닌다. 그는 이제 한 개인이 되기 위해서 부모로부터 서서히 자유로워져야 한다. 이 때 그가 간직한 비밀들은 그의 독립에 필수적인 도구가 될 것이다. 그는 부모가 모르는 비밀을 간직하는 만큼만 자아에 대해 의식하게 된다. 즉 자신이 부모와는 구별된 존재이며 자신만의 개성을 가진 한 인격체라는 사실을 깨닫게 되고, 이러한 깨달음은 부모에게 비밀을 밝히지 않고 간직할 자유가 확대되는 만큼 커 간다.

　어린 프란시스는 비록 이러한 삶의 법칙을 알지도 못하고 완전히 이해하지도 못했지만 자연적으로 거기에 순응하고 있었다. 그래서 스스로의 행동에 놀라기도 했다. 이제 그녀에게는 비밀을 간직할 필요가 생겼다. 즉 한 개인이 되어야 했다. 더 이상 엄마의 딸로만 머물러서는 안 되는 것이다. 그러나 그렇게 되기 전까지 엄마는 딸에게 어떤 질문이든지 할 수 있었고, 프란시스는 엄마의 질문 속에서 자신에 대한 자상한 관심 외에는 아무것도 보지 못했다. 그러다 어느 순간 갑자기 귀찮은 듯 엄마의 질문에 짜증을 내게 된다.

　그녀는 이제 막 시작되고 있는 자신의 개인적 삶에 침입해

> 🍃 비밀을 갖게 되는 것과 그 비밀을 간직하는 법을 아는 것
> 그리고 오직 자의에 의해서만 그 비밀을 기꺼이 포기하는 것,
> 바로 이것들이 한 개인을 형성하는 첫째 단계다.

들어오는 엄마에게 저항하는 것이다. 이는 이제까지 모든 것을 엄마에게 말해야만 한다고 느꼈던 본능적 필요에 저항하는 것이기도 하다. 이제부터 그녀는 자신에게 드리워진 엄마의 막강한 구속으로부터 탈출하고자 할 것이다. 그러므로 비밀을 갖게 되는 것과 그 비밀을 간직하는 법을 아는 것 그리고 오직 자의에 의해서만 그 비밀을 기꺼이 포기하는 것, 바로 이것들이 한 개인을 형성하는 첫째 단계다.

게오르그 구스도르프(Georges Gusdorf)는 그의 훌륭한 책 「자아의 발견」(*The Discovery of Self*)[2]에, 에드먼드 고스(Edmund Gosse)의 비망록에서 중요한 한 페이지를 인용하고 있다.

어린 시절의 어느 날, 아버지가 별로 중요하지 않은 어떤 사건에 대해 묻자 나는 거짓말로 답했지만 혼나지 않은 적이 있다. 그 사건으로, 아버지에게는 무엇이든 할 수 있는 힘이 있다는 나의 절대적 확신이 사실과 다르다는 것을 깨닫게 되었다.…아버지가 모든 것을 알고 있고 과오가 전혀 없다는 믿음은 이제 죽었고 땅에 묻혔다. 이 세상에는 비밀이란 것이 존재하며, 이 비밀은 나와 내 속에 살고 있

는 누군가(서서히 형성되어 가는 독립적 자아로서의 개인—역주)에게만 속한 것이다. 우리는 둘이었으며 서로 대화할 수 있었다. 이러한 이원적 형태(독립된 자아를 인식하지 못하는 자아와 서서히 형성되는 독립된 자아—역주) 아래서 나는 내 독립된 자아를 갑자기 의식하게 되었다. 내 속에서 나를 이해할 수 있는 누군가를 발견한 것은 분명 큰 위안이었다.

그렇다. 아이는—물론 어른도 포함해서—자신과 끊임없이 대화한다. 그는 자신에게 그의 모든 비밀을 말하고, 그는 자신의 비밀을 다 알게 된다. 바로 이 사실이 자신과의 일체감을 느끼게 해준다. 나는 고스가 밝힌 그의 기념할 만한 날 이전에도 그가 많은 비밀을 가지고 있었다고 생각한다. 하지만 그는 그 때까지 이 사실을 명백하게 인식하지 못했던 것이 분명하다.

거의 모든 어린이들의 놀이에는 비밀스런 상징이 담겨 있다. 한 아이가 의자를 거꾸로 뒤집어놓고서 배로 생각한다면, 그 의자가 그에게는 틀림없이 배다. 그리고 그가 바라보고 있는 방의 모퉁이는 배를 정박할 마르세유 항이거나 뉴욕 항이다. 그 놀이의 즐거움은 의자와 방 모퉁이의 역할에 있다. 즉 놀이에 참여하지 않는 사람에게는 의자는 그저 의자요, 모퉁이는 단순히 방의 모퉁이일 뿐이지만, 그에게는 의자가 배요, 모퉁이는 항구인 것이다.

그것은 그가 간직한 하나의 비밀이다. 물론 그는 독립된 자아에 대해 아직 온전하게 인식하지 못했을 수도 있다. 이 아이가 고스가 어릴 적 그랬던 것처럼 아직도 아버지의 전지함과 완전 무결함을 믿는다면, 아버지에게 놀이의 비밀을 가르쳐 줄 수도 있을 것이다. 만약 아버지가 의자를 의자라 부르고 배로 부르지 않았다면, 아이가 무작정 자기 비밀에 빠져들지 않도록 배려하는 차원에서 그런 것임이 분명하다. 이 때 아이가 자신의 모든 비밀을 아버지가 안다고 느끼는 감정은, 아직 어린 그에게는 여전히 만족감을 줄 것이다.

그런 그가 자신 이외에 다른 사람, 심지어 아버지나 어머니도 알지 못하는 무엇인가를 홀로 알고 있다는 사실을 발견한 것은 얼마나 큰 사건이겠는가? 부모도 모르는 것이 있다. 이제 아이는 자신이 그야말로 새로운 힘을 가졌음을 느낀다. 자신만이 마음대로 할 수 있는 무엇인가를 소유했다고 인식

> 아이는 자신이 그야말로 새로운 힘을 가졌음을 느낀다.
> 이제는 부모가 모르는 무엇을 갖거나 받음으로써,
> 참된 의미에서 자신만의 개인적 소유물을 획득하게 된 것이다.

하게 되었기 때문이다. 그 때까지 그가 소유한 모든 것은 부모로부터 받았거나 적어도 부모의 동의를 통해서 얻은 것이었다. 그런데 이제는 부모가 모르는 무엇을 갖거나 받음으로써, 참된 의미에서 자신만의 개인적 소유물을 획득하게 된 것이다.

혹은 아무도 모르는 어떤 일에 착수함으로써 자신만의 소유물을 가질 수도 있다. 정말로 이런 일이 일어나게 하는 놀이들이 있다. 예를 들면 자연사 연구, 실물 보트 제작, 매우 복잡한 전기나 기계 장치, 자신을 유명하게 만들어 줄 발명품 제작 같은 일이다. 그는 매우 비밀스럽게 작업을 시작할 것이다. 하지만 그가 무얼 하는지 기웃거리는 시선을 피할 장소, 혹은 필요 없다고 생각되면(발명품의 재료가 될지도 모르는 것들을) 쓰레기통에 무조건 내다 버리는 바지런한 주부의 손길이 못 미치는 장소를 발견하는 것은 쉽지 않다. 마침 집에 다락이 있거나 헛간이 있는 절친한 친구가 있다면 운이 좋은 것이다. 흔히 아이들은 어른들이 자신과 자신이 시작한 일을 놀려대거나 "넌 항상 시작만 하고 끝은 못 맺더라"고 말할까 두려운 나머지, 자신이 하는 일을 비밀에 부친다.

1. 비밀의 필요성

어떤 나이에 이르면 아이들은 비밀이 필요하고, 자라면서 그 필요성은 더 커진다. 아이가 어렸을 때부터 자기만의 세계를 채우며 애착을 갖고 수집해 온 수천 가지의 물건, 그 이상하고 대단치도 않은 물건들을 한번 생각해 보라. 그것들은 아이 혼자만이 간직한 작은 비밀이며 진정으로 그에게만 속한 물건이다. 부모의 허락이 있어야만 벽장에서 겨우 꺼낼 수 있는 멋진 장난감들보다 훨씬 더 소중한 것이다.

어떤 힘을 가졌다는 느낌은 비밀을 간직하는 것과 언제나 밀접히 연결되어 있다. 바로 그 이유 때문에 모든 아이들을 지배하는 비밀에 극단적인 매력이 생기는 것이다. 친구가 넌지시 "난 네가 모르고 있는 것을 알고 있어. 하지만 얘기하지 않을래"라고 말하면, 그 말을 들은 아이는 친구로부터 비밀을 알아 내려고 안간힘을 쓸 것이다. 그는 협박과 회유 혹은 이런저런 책략을 하나씩 동원할 것이고, 그것도 안 되면 자신의 장난감 중 하나를 내걸고 비밀을 가르쳐 주는 대가로 지불하려고 시도할 것이다. 그럼에도 불구하고 이러한 모든 시도를 뿌리칠 수 있다면, 그 친구는 자기 자신을 매우 자랑스럽게 생각할 것이다. 설령 자기의 비밀을 말한다 할지라도 여전히

자기의 우월성을 즐길 것이다. 또한 필요에 따라 비밀을 하나 만들어 낼 수도 있다. 실제로는 존재하지 않는 그 비밀 때문에 으스댈 수 있기 때문이다. 그래서 모든 아이들은 비밀을 가지고 있는 것을 자랑스러워한다.

비밀스러움이 갖는 매력! 크리스마스를 준비하는 일의 신비스러운 면을 한번 생각해 보라. 크리스마스를 준비하는 작업으로 말미암아 얼마나 아이들이 들뜨고 그 축제의 품격이 높아지는가? 아이들은 엄마와 아빠가 깜짝 놀랄 만한 선물을 아주 비밀스럽게 준비해 놓고서, 부모가 미리 추측하거나 발견하지 못하게 하려고 고심한다. 크리스마스 트리를 장식하는 일은 아빠를 도와줘도 괜찮다고 일전에 허락받은 아이와 아빠 사이의 비밀이다. 이윽고 아빠는 선물이 가득 놓인 방의 문을 잠그고, 열쇠는 아빠의 호주머니 속에 들어간다. 엄마와 어린 여동생은 크리스마스가 되기 전에는 방문을 열어 보아서는 안 된다. 마지막 개봉 순간에도 아빠와 아이는 살금살금 들어가서 비밀리에 양초에 불을 켜야 한다. 비로소 그들이 장엄하게 문을 여는 순간, 모든 것이 밝혀진다. 아이들도 부모가 비밀을 가지고 있음을 안다. 아이들이 잠자리에 든 뒤에

> 다른 사람에게는 말하지 않겠다고 서로 동의함으로써 비밀을 둘러싸고 그것을 아는 사람들 사이에 감정적 결속이 생긴다. 아이들이 비밀 언어를 사용함으로써 느끼는 큰 기쁨은 이런 감정적 결속에서 나온다.

조심스럽게 포장해서 준비한 크리스마스 선물이 바로 그 비밀이다.

비밀이 있다. 그리고 그 비밀을 알고 싶어 안달한다. 이러한 모든 것이 마술적 매력으로 작용한다. 크리스마스에는 축하 파티가 있고, 불 켜진 크리스마스 트리가 있고, 선물이 있음을 모두가 안다. 하지만 공통된 약속으로, 사전에 비밀이 드러나지 않도록 예방 조치를 철저히 함으로써, 신비감을 불러일으키고 매혹을 증가시켜야 한다. 각 가정의 아이들은 형제와 자매들에게 자신이 부모를 위해 비밀리에 준비한 선물을 보여 준다. 다른 사람에게는 말하지 않겠다고 서로 동의함으로써 비밀을 둘러싸고 그것을 아는 사람들 사이에 감정적 결속이 생긴다.

아이들이 비밀 언어를 사용함으로써 느끼는 큰 기쁨은 이런 감정적 결속에서 나온다. 아이들은 가족이 모두 둘러앉은 식탁에서조차 어른들이 이해하지 못하는 그들만의 메시지를 교환할 수 있다. 그것은 강압적인 독재의 권력을 휘두르는 어른들에 대한 복수이기도 하다. 어른들은 어떤 것도 자기들이 몰라서는 안 되고, 아이들이 모든 것을 다 자기들에게 말해야

한다고 주장하지 않는가? 그러면서 아이들이 어른들의 이야기를 알아듣기 원치 않을 때는 언제든지 낯선 언어로 대화하지 않는가?

반면에 아이들은 온갖 종류의 것들에 비밀스런 의미를 부여해서, 어른들이 꼬치꼬치 캐물어도 들키지 않을 만한 그들만의 작은 세계를 창조하고자 한다. 가까이서 기관차의 경적이 울린다. 거대한 녹색 용이 화염을 뚫고서 먹이를 삼키려고 달려올 때 한 착한 요정이 운 좋게 그 먹이를 낚아챈다. 이렇게 용과 요정의 전투를 상상하는 것이 평면 교차점을 통과하는 기관차를 보는 것보다 좀더 시적이고 흥미진진하지 않겠는가?

그렇다. 이러한 종류의 비밀은 끝도 없이 고안해 낼 수 있다. 또한 비밀은 실제 삶, 즉 부모의 지나친 신중함과 엄격한 도덕적 원칙에 에워싸인 채, 위험하거나 과장된 것은 무엇이라도 상상조차 금지된 삶에 대해 아이들이 보복하는 행위다. 모든 아이들은 자기 자신에게 마법적 상상으로 가득 찬 이야기를 들려준다. 가장 행복한 아이는 결코 상상력이 동나지 않는 아이다. 이러한 이야기들의 경이로운 묘미는, 정확히 말하자면 그 이야기가 갖는 비밀스러움에 있다. 즉 아이의 실제 삶은 모든 사람들에게 잘 알려져 있지만, 그 이야기를 아는 사람은 오직 아이 자신뿐인 것이다.

그러나 아이는 어른들 또한 그들만의 비밀을 가지고 있으며, 특별히 어떤 비밀은 감정적 흥분을 일으킨다는 것을 곧 깨닫게 된다. 그는 이러한 비밀들에 더할 수 없는 매력을 느끼지만, 어른들은 아이 앞에서는 결코 이러한 비밀을 말하지 않는다. 어떤 친구나 연장자 혹은 가족 외에 다른 사람과는 그것에 관해 넌지시, 신비스럽게 말하기도 한다. 만약 아이가 부모에게 묻는다면 그들은 재빨리 이렇게 대답할 것이다. "그건 네가 크면 다 알게 될 거야." 이러한 대답은 오히려 아이의 호기심을 더욱 자극할 뿐이다. 그래서 아이는 자신이 스스로 그 신비스런 비밀을 풀어야 함을 깨닫게 된다.

아기는 어떻게 세상에 태어날까? 어느 날 아버지는 엄숙하면서도 난처한 표정으로, 아기는 심장에 아주 가까운 어머니의 뱃속에서 자란다고 그 비밀의 진실을 말해 준다. 그러나 이런 식의 요약된 대답은 문제를 해결해 주기보다는 더 많은 질문을 야기한다. 어떤 과정을 통해 아기가 자라는 것일까?

어떤 식으로 아기가 태어날까? 그리고 우연히 주위들은 '간음'과 '동성애'라는 말은 무엇을 의미할까? 혹은 길 모퉁이 가판대에 꽂혀 있는 잡지 표지에서 보았던 '성적 매력'이라는 단어는 무슨 뜻일까?

   아이는 아빠의 사전에서 궁금했던 단어의 설명을 몰래 찾아본다. 이러한 비밀스러운 행동은 혹시나 들키지는 않을까 하는 두려움과 함께 그를 더욱 흥분시킨다. 그러나 그가 찾은 단어의 정의는 너무나 불명확하다. 분명히 어른의 비밀은 너무나 잘 보호되어 있다. 그는 어머니가 항상 조심스럽게 다른 책들 밑에 끼워 두는 소설책을 은밀하게 펼쳐본다. 그러나 굉장히 흥미로울 것 같은 그 페이지를 찾을 수가 없다. 대신에 책 속에서 이러한 흥밋거리들을 이야기하고 있는 한 인물을 만난다. 하지만 그 인물은 매우 비밀스런 방식으로 말하기 때문에, 아이는 결국 자신이 진짜 비밀을 발견하지 못했다는 점을 확실히 깨닫게 된다. 그 후에도 자주 그 책을 몰래 집어 들고 들뜬 기분으로 여러 번 읽어 보지만 여전히 그 비밀을 꿰뚫어 알 수는 없다. 이쯤 되면 아이는 여인의 나체 조각상이 있는 공원을 지나가기 위해 몰래 다른 길로 돌아가기도 한다.

아이가 사춘기에 이르면, 소년이든 소녀든 간에 자신에게 일어나는 일로 수많은 질문을 하게 되고 불안감이 커진다. 때때로 자신이 부끄러운 병에 걸렸다고 생각한다. 그는 성(性)과 관련된 모든 것에 대해서 점점 더 심한 당혹감을 느끼는 동시에 성에 완전히 사로잡히게 된다. 그는 점점 더 비밀 속에 침잠하여 자신의 생각과 행동을 숨긴다.

이러한 비밀들이 그의 영혼에 얼마나 까닭 없는 혼란을 야기할 수 있겠는가? 이후로 그와 부모 사이에 얼마나 높은 장애물이 세워지겠는가? 물론 나는 그 모든 것을 대략 묘사할 수도 있다. 그러나 아이들은 저마다 너무나 다양한 경험을 한다. 공통적인 점은 그 경험들이 항상 어려움으로 가득 차 있다는 것이다. 어느 누구도 비밀스런 고뇌와 비밀스런 탐색과 비밀스런 가책 없이 성숙에 이를 수 없다. 부모가 성숙하고 대범해서 그들의 불안감으로 자녀의 마음을 더 무겁게 하지 않는다 하더라도 말이다.

부모도 비밀스런 문제를 가지고 있다. 성적인 문제와 더 많은 다른 문제들이 있다. 아이는 직관적으로 부모가 자기에게 무엇인가 숨기고 있음을 알아차린다. 왜 아빠는 자신은 교

회에 가지 않으면서 교리 교육반에 나가라고 요구한단 말인가? 거기에는 비밀이 있다. 왜 그의 부모는 삼촌을 만나기를 원치 않는단 말인가? 그토록 멋있는 삼촌을…. 거기에는 비밀이 있다. 왜 그의 부모는 평소보다 일찍 그를 재우는 밤에 그토록 침울한 표정을 짓고 있단 말인가? 거기에는 비밀이 있다. 침대에 누운 아이는 작게 새어 나오는 소리도 귀를 쫑긋하고 듣는다. 그는 알아듣기 힘든 대화에서 몇 마디라도 건져 보려고 애를 쓴다. 그러다가 결국 침대에서 일어나서 발끝으로 소리 없이 복도를 통과해 부모의 방을 엿본다. 그는 상상의 나래를 편다. 여태껏 부모는 많은 것을 숨겨 왔기 때문에 아이는 많은 비밀을 상상해 본다. 알아듣지 못하는 단어, 몸짓, 침묵, 그 어떤 것이라도 그가 드라마를 만들고 한 편의 이야기를 구성하는 데 충분한 요소가 된다.

아이는 아빠가 분명 어떤 사건에 연루되어 있으며, 그렇기 때문에 그토록 자주 아빠와 엄마가 다툰다고 생각한다. 혹은 그들이 진짜 부모가 아니라고 확신하기도 한다. 집시들이 자신을 납치해 갔는데, 그들에게서 도망쳐 나와 지금의 부모에게 입양되었다고 생각한다. 그것이 부모가 자신에게 숨기고

1. 비밀의 필요성

> 🍃 비밀스러움과 정서는 상호 결속 관계에 있다. 비밀스러움은 사물에
> 중요성을 더해 주고, 모든 중요한 것들은 남이 모르는
> 은밀한 어조로 논의되기 때문에 비밀스런 성격을 띤다.

있는 큰 비밀임에 틀림없다고 확신한다. 그러나 두려워하는 이 상상이 정말 사실로 확인될까 봐 겁먹은 아이는 감히 물을 수도 없다. 그러면서 한편으로 자신의 진짜 아버지는 지금의 아버지가 아니라 다른 사람이며, 정말 부유하고 권세 있고 지적이며 선량한 사람으로서 한때 어머니를 유혹해서 자기를 낳았다고 상상한다. 이런 상상을 하는 아이는 무슨 대가를 치르더라도 언젠가는 반드시 진짜 아버지를 찾고야 말겠다고 결심한다.

비밀스러움과 정서는 상호 결속 관계에 있다. 비밀스러움은 사물에 중요성을 더해 주고, 모든 중요한 것들은 남이 모르는 은밀한 어조로 논의되기 때문에 비밀스런 성격을 띤다. 어떤 여자가 "아주 어렸을 때부터 나는 성(性)과 종교가 같은 비밀 벽장 속에 숨겨 있음을 깨달았다"고 말했다. 태곳적부터 종교에는 오직 창시자들에게만 알려진 비밀이 들어 있다. 모든 교회에는 비밀스런 의미를 내포하는 의식(儀式)이 있다. 모든 상징과 형식에는 신성함을 부여해 주는 비밀스러운 의미가 들어 있는 것이다.

교회라는 낯선 곳에 처음 가면 의식의 비밀을 알지 못하기

때문에 마음이 편치 않다. 그는 다른 사람들이 어떻게 행동하는지를 주의 깊게 관찰하고 혹시 실수하지나 않을까 하고 두려워한다. 비밀스런 의미가 설명되지 않는다면 성찬식은 그에게 이해할 수 없는 것이 되고 만다. 성경도 그 자체로는 완전히 밝혀지지 않는 비밀이다. 나는 개신교 교회들이 항상 종교에 관한 것을 다 설명하려고 애쓰는 것을 유감스럽게 생각한다. 이들 교회 중 몇몇에서, 초대교회에서 주된 역할을 했던 방언이 재현되고 있는 것은, 비밀을 필요로 하는 종교의 속성 때문이 아닌가 싶다. 통역 없이는 이해가 불가능한 이 혼란스런 중얼거림은 말로 표현할 수 없는 것을 표현한다. 종교도 비밀이 필요하다.

교회뿐만 아니라 국가와 모든 조직화된 사회에도 비밀이 필요하다. 융(C. G. Jung)은 비망록의 한 페이지에서[3] 이러한 비밀스러움의 절대적 필요성을 주장했다. 또한 아무리 원시적이라 하더라도 어떤 사회를 형성하는 과정에는 반드시 '비밀 조직'(secret organization)이 포함되며, 그 사회의 공통된 비밀은 내적 결합의 접착제 역할을 한다고 설명했다. 내가 외국에서 우리 나라 사람을 만났을 때 동포임을 알리기 위해 제네바 출신을 증명하는 여권을 내보일 필요는 없다. 우리가 어렸을 적 놀이에서 사용했던 마법의 주문을 외는 것으로 충분하다. "앙프로, 지로, 가랭, 카로…."

2_ 개인에 대한 존중

비밀스러움의 매혹! 비밀스러움은 어른들에게도 어린아이에 못지않은 작용을 한다. 비극적 고전이 사람들을 강하게 매료시키는 까닭은 무엇인가? 그것은 관객이 주인공은 알지 못하는 비밀을 알고 있기 때문이다. 오이디푸스는 자신이 장차 아버지를 죽이고 어머니와 결혼할 것을 모르고 있다. 우리는 그에게 그 사실을 소리쳐 알리고 싶을 것이다. 심지어 잘못 평가되어 온 가장 유치한 형태의 보드빌(vaudeville: 춤과 노래 등을 곁들인 가볍고 풍자적인 통속 희극—역주)에서도, 어떤 인물은 알고 어떤 인물은 모르도록 비밀들을 이리저리 잘 짜 맞춤으로써 극적인 효과를 얻는다.

탐정 소설은 또 어떤가! 만약 탐정 소설이 바쁜 직장인으로 하여금 중요한 관심사에서 벗어나 소설에 심취하도록 만들었다면, 그 이유는 수수께끼의 비밀이 밝혀지기 전까지는 그가 책에서 손을 놓을 수 없었기 때문일 것이다. 탐정 소설을 읽는 모든 독자는 자기 안에서 비밀을 추적하는 진지한 탐구 정신이 눈뜨고 있음을 느낀다. 「아틀란티스」(*Atlantis*), 「철가면」(*The Iron Mask*)과 같은 모험 소설이나 역사의 엄청난 비밀에 관한 책들 그리고 개인사(史)의 작은 비밀을 다룬 책들을 대할 때도 마찬가지다.

망원 렌즈로 촬영한 사진과 함께 배우들의 사적인 비밀을 싣는 주간지들이 있고, 중요한 정치적 인물의 사소한 약점을 밝혀 내는 주간지들도 있다. 또한 비밀스런 고백과 진정한 사랑 이야기를 싣는 잡지들이 있다. 그뿐인가. 이웃과 친구들의 비밀을 주고받는 잡담도 있다. "하지만 Z씨가 한때 파산했었다는 사실을 모르는 사람이 세상에 어디 있니?" "그 사람 겉보기에는 굉장히 착실한 것 같더니, 사실은 아내 몰래 자기 비서하고 바람을 피웠다는군. 그런데 부인만 그 사실을 몰랐다니, 참 그 여자도 바보지 뭐야." "W부인이 그렇게 뽐내며 자랑하는 드레스 말야. 틀림없이 할인 매장에서 샀을 거야." 이러한 잡담거리가 동이 나면 쉽게 꾸며 대기도 한다. 심지어 기술적으로 다음과 같이 말할 수도 있다. "W부인에 대해 들은 말을 하고 싶지는 않은데 말야."

멋진 레스토랑의 친절한 주인이 당신의 귀에 속삭이는 특별 메뉴에는 요리의 비법이 담겨 있다. 아름다운 여성에게도 아름다움을 가꾸는 그녀만의 비결이 있다. 또한 낚시꾼과 사

냥꾼에게도 그들만의 비밀이 있다. 그것은 고기를 낚고 사냥감을 잡는 셀 수도 없이 많은 잔기술들로, 비록 효과가 없다고 하더라도 그 자체로 매력을 갖고 있다. 치료자에게 통속적인 치료의 비밀이 있듯이 주술사에게는 흑마술(black magic: 누군가를 상념으로 저주하고 사악한 영적 존재의 힘을 빌려 죽이기도 하는 미술—역주)의 비밀이 있다. 고대에 가장 권세 있고 가장 숭배받은 사람은 저주의 비밀을 아는 마법사들이었다. 오늘날 그들과 명성을 견줄 수 있는 사람은 과학자다. 과학자들은 조금씩 자연의 비밀을 밝혀 내는 기술과 그 비밀에 대한 지식 때문에 이러한 명성을 얻게 된다. 감사하게도 우리는 많은 과학자 덕분에 곧 달과 화성의 비밀을 낱낱이 벗길 수 있게 될 것이다.

극소수 사람들의 모험적 삶은 우리에게 감동을 준다. 그러나 웅대하고도 비밀스런 야망을 가슴속에서 키우지만 결국은 이루지 못하는 사람들, 한때 그러한 야망을 품었다는 사실만을 인생의 큰 즐거움으로 삼게 될 사람들이 얼마나 많은가?

어떤 여성들은 결혼 생활에서 행복을 발견한다. 그러나 고통이 따름에도 불구하고 마음속으로 키워 온 비밀스러운 사

> 🍃 비밀스런 고통과 남모르는 가슴앓이는 숨겨놓은 보물의 역할을 한다.
> 비밀이란 보물을 안전하게 간직할 수 있는 견고한 상자와 같은 것이다.
> 그 속에는 완전히 끝나 버린 아름다운 과거에 대한 추억이 들어 있다.

량으로만 만족해야 하는 여성들은 또 얼마나 많은가? 그런데 이 비밀스런 고통과 남모르는 가슴앓이는 사람을 힘들게 하면서도 숨겨놓은 보물의 역할을 한다. 그것은 비밀이기에, 수많은 노골적인 쾌락보다 더 철저하게 세월의 흐름 속에 숨겨졌을 것이다.

그렇다. 비밀이란 보물을 안전하게 간직할 수 있는 견고한 상자와 같은 것이다. 그 속에는 완전히 끝나 버린 아름다운 과거에 대한 추억이 들어 있다. 또 조심스럽게 싸서 간수해 온 사진도 있고, 처음에는 열정적으로 착수했으나 결국은 대중 앞에 발표하지 못하고 향수를 남긴 채 보관 중인 원고도 있다. 아마추어 예술가가 아직 완성하지 못한 그림도 있고, 많은 노트와 함께 간직해 온 일기가 있다. 만약 이제껏 사람들이 내게 밝혀 온 비밀과 특별히 내게 맡긴 문서를 신뢰할 수만 있다면, 이처럼 은밀한 일은 당신이 생각하는 것보다 훨씬 자주 일어나며 그 중에는 대단히 가치 있는 것들도 종종 있다는 것을 밝혀 두고 싶다.

나는 정말이지 이것이 얼마나 민감한 문제인지 잘 알고 있다. 창조적 작업은 생산되는 동안 훼손될 수도 있는 매우 연

약한 것이다. 그래서 비밀이 필요하다. 창조적 작업은 아직 무르익기도 전에 공개되면 추진력과 확신을 잃고 사그라질 수 있다. 나는 책을 저술하는 과정에서 그러한 경험을 종종 하는데, 작품을 상당 부분 쓰기 전까지는 아내에게 보여 줄 엄두를 내지 못한다. 나는 아내가 이러한 나의 민감한 면을 사려 깊게 이해하고 재치 있게 존중해 주는 것을 늘 고맙게 생각한다.

비평이나 조언, 심지어 칭찬까지도 창조적 원동력을 분산시킬 수 있다. 그러므로 처음에는 비밀이 절실하게 요구되더라도 조만간 비평, 조언, 칭찬과 부딪혀야 한다. 그렇지 않으면 비밀의 감옥에 영원히 갇혀 있을 수 있다. 마찬가지로 사랑에 빠져 있는 사람은, 깨어지기 쉬운 초기 단계에서는 그들의 사랑 이야기를 비밀로 간직하려고 무척 조심한다. 하지만 부모는 모든 것을 세심히 알고 싶어한다. 그래서 꼬치꼬치 캐묻기도 하는데, 이는 모든 것을 완전히 망쳐 버릴 수도 있다. 하지만 다른 한편으로는 적절한 때가 되어도 공개적으로 밝힐 용기를 내지 못하다가 결국 영원한 비밀로 남을 수밖에 없는 사랑도 있다.

그렇다. 소중한 것들과 소중한 경험들은 모두 올바른 범위 내에서 잘 감추어 두었다가 자라서 열매를 맺을 수 있어야 한다. 우리는 여기서 엄마로부터 독립하기 위해 비밀을 필요로 하는 어린 프란시스를 떠올릴 수 있다. 내 생각에 프란시스의 엄마는, 만약 딸이 사실대로 말하지 않은 것을 알았다면 아주 심하게 꾸짖었을 것 같다. 아마도 엄마는 딸을 거짓말쟁이로 취급했을 것이고, 거짓말은 가장 큰 잘못이며, 특히 모든 것을 사실대로 말해야 하는 엄마에게 거짓말을 하는 것은 더더욱 나쁘다고 설교했을 것이다.

대부분의 부모들은 아이들이 무엇인가 숨기고 있음을 알아차리게 되면 매우 화를 낸다. 그들은 어린이가 독립적인 한 인간이 되기 위해서는 비밀이 필요하다는 사실을 이해하지 못한다. 내가 이 책을 쓰는 이유 중에는, 이런 부모들이 눈을 뜨기를 바라는 마음도 들어 있다. 그러한 부모들이 매우 잘 이해하고 있는 것은 아이들이 자신들로부터 벗어나려는 시도를 했다는 사실뿐이다. 그들이 화를 내는 것은 아이들이 자신들에게서 도망치는 것에 대한 아주 자연스러운 반감이다. 부모는 아이들이 어렸을 때부터 아무런 거리낌없이 맺어 왔던,

> 대부분의 부모들은 아이들이 무엇인가 숨기고 있음을 알아차리게 되면 매우 화를 낸다. 그들은 어린이가 독립적인 한 인간이 되기 위해서는 비밀이 필요하다는 사실을 이해하지 못한다.

너무나 달콤하고 멋지고 솔직했던 유대 관계를 그대로 유지하고 싶어한다.

아이들이 뭔가 숨기는 현상이 나타나도 그것을 외면하는 부모들이 있다. 어떤 엄마가 사춘기 딸을 데리고 나를 찾아왔다. "제 딸은 저의 가장 좋은 친구예요." 그녀는 곧바로 다음과 같이 밝혔다. "우리는 어떤 것도 숨기지 않고 모두 털어놓는답니다." 나는 그 엄마에게 잠시 나가 있으라고 했다. 그리고 그 딸이 지금까지 엄마에게 말하지 않았던 온갖 종류의 비밀을 털어놓는 것을 한 시간 동안 들었다. 이 엄마는 자신에 대해서 많은 환상을 조작해 내고 있었다. 그녀는 딸이 자기의 가장 좋은 친구라는 신화를 만들어 왔던 것이다. 그녀는 이 사실을 매우 자랑스러워했고, 그 상태를 계속 유지해 가고 싶은 절실한 필요를 느꼈기에, 실제로는 자신도 딸에게 말하고 싶은 것만 말하면서도 이 사실을 전혀 깨닫지 못했다. 만약 그녀가 어떤 엄마들처럼 딸에게 자신의 비밀을 너무 많이 말해 버렸다면, 더욱 한심스러울 것이다.

어떤 부모들은 탐정으로 변해 버린다. 그들은 거리로 나가 어느 집 문 뒤에 숨어서, 아이가 학교에서 어떤 친구와 같이 오는지 그리고 중간에 무엇을 하는지 살핀다. 아이가 더 자라서 자신을 방어하기 시작하면, 이러한 조사의 범위가 극적으로 확대될 수 있다. 어떤 어머니가 나를 찾아왔다. 그녀는 아들이 자신에게 어떤 걱정을 끼치는지를 설명하고 싶어했고, 그 아이를 내게 보내기 원했다. 그녀는 아들의 여자 친구가 자기가 보기에 평판과 품행이 별로 좋지 않다는 이유로 아들이 교제하는 것을 금했다. 그러나 그들이 서로 은밀히 연애 편지를 주고받고 있으며 여전히 만나기도 한다는 사실을 최근에 알게 되었다. 그 소녀가 보낸 편지가 증거물이었다. 내가 물었다. "어떻게 그것을 전부 다 알고 계십니까?" "아, 그건 내가 아들의 책상 서랍 열쇠를 하나 더 만들어 놨기 때문이죠. 그 애가 학교에 갔을 때 그 편지들을 읽었어요. 그래야 되는 거 아닌가요? 그렇지 않나요? 내 아들을 감시하는 것이 내 의무예요!" 그녀는 내가 동의하지 않자 무척 당황했다. 나는 그녀에게 물었다. "부인은 아드님에게 정직하지 않으면서 어떻게 아드님이 부인에게 정직하기를 바라실 수 있습니까?"

이렇게 극단적인 경우가 아니더라도, 많은 부모들은 자녀들이 아주 어릴 때부터 모든 것을 자신들에게 털어놓아야 한

다는 것을 부드럽게 이해시킨다. "엄마가 친구인 B아줌마를 만났단다." 한 엄마가 딸에게 말한다. "네가 어제 그 아줌마 딸을 만나서 같이 산책까지 했더구나. 그런데도 넌 내게 그 일에 대해 한마디도 하지 않았어. 다행히도 그 아이는 자기 엄마에게 모든 것을 다 말했다는구나."

부모의 이러한 요구와 압력에 부딪혔을 때, 아이는 두 가지 반응을 보일 가능성이 있다. 하나는 완강하게 반응하는 것이다. 그는 부모로부터 점차 더 멀어질 것이다. 점점 더 많은 것, 대수롭지 않은 것들조차 부모에게 숨기고 더 이상 부모가 자신의 삶에 대해 속속들이 알거나 관심을 기울이지 못하도록, 자신을 완전히 닫아 버린 채 몰래 일을 꾸미고, 부모를 피하고, 심지어는 미워하면서 살아갈 것이다. 부모는 바로 그 점 때문에 그를 꾸짖을 것이고, 그것은 점점 폭력적 형태로 발전할 것이다. 때로는 자신이 바로 이런 불행의 조성자임을 깨닫지 못한 채 해결되지 않는 갈등으로 치닫기도 할 것이다.

다른 한편으로, 아이는 부모의 요구와 압력에 약하게 반응할 수도 있다. 그는 이 압력에 항복한 나머지, 부모에게 항상 모든 것을 말해야 하고, 그들이 만나도 좋다고 허락한 친구들만 만나야 하며, 그들이 하라고 한 일만 해야 한다고 생각한다. 이런 아이는 정말 병적으로 될 위험을 안고 있다. 어떤 경우에 그 아이는 성장을 멈추고 아이 같은 성격으로 남아 있으며 머뭇거리고 소심해질 것이다. 부모는 그 상황의 책임이 자신들에게 있다는 중요한 사실을 깨닫지 못한 채, 아이의 완강한 반응에 대해서만큼이나 속상해할 것이다.

사오십대로 보이는 아들과 함께 몇 번 내 사무실을 방문한 어머니가 있었다. 그녀는 아들 대신 자신이 직접 이야기를 하고 아들의 증세를 대신 설명하곤 했는데, 내가 다음과 같이 말하자 몹시 당황했다. "부인의 아드님은 자신의 상태를 직접 설명할 수 있을 만한 나이인데요." 아! 그러나 안타깝게도 어머니가 없을 때 그는 혼자서는 많은 설명을 하지 못했다. 스스로 생각하는 능력을 모두 상실해 버린 상태였기 때문이다. 또한 사오십대 딸이 어머니가 읽어 주지 않으면 편지를 뜯어 볼 용기를 못 내거나, 어머니의 허락을 받지 않고서는 자신이 번 돈을 한 푼도 쓰지 못하는 경우도 가끔 보았다.

최근에 몽펠리에 대학의 의과 교수단에 제출한 논문에서 쉬잔느 미귀엘(Suzanne Miguel) 박사는 "무언가 자신만의 비

비밀을 가질 권리는 개인의 기본적인 특권이다.
인간이 종족의 구성원으로 머물지 않고 주체적인 개인이 되기 위해서는
반드시 비밀이 필요하다. 자신의 생각을 정리하기 위해서다.

밀을 가지고 있다는 것은 개인의 특성이다"라고 했다.[1] 바른 지적이다. 성장한 자녀에게서 그들만의 개인적 삶을 박탈하는 부모는, 그들이 개인이 되는 것을 방해하고 있는 것이다. 비밀을 가질 권리는 개인의 기본적인 특권이다.

인간이 종족의 구성원으로 머물지 않고 주체적인 개인이 되기 위해서는 반드시 비밀이 필요하다. 오늘날 각 가정의 주거 공간이 점점 더 협소해져 가는 것은 안타까운 일이다. 지구촌을 돌아봐도 정치적, 군사적 사건으로 사람들이 이리저리 내몰리고, 결과적으로 피난민의 숫자는 늘어만 간다. 건물은 인구 증가를 따라잡지 못하고 있고, 건물주는 더 많은 이윤을 얻기 위해서 더욱 작은 아파트를 짓는다. 이러한 여건에서는 어느 누구도 더 이상 자신만의 공간을 갖지 못한다. 부모와 형제 자매 모두가 자신만의 비밀스런 공간 없이 서로의 삶을 속속들이 들여다보며 산다.

그러나 모든 인간 존재는 자신의 생각을 정리하기 위해 비밀이 필요하다. 타인은 그의 비밀을 존중해야 할 필요가 있다. 그가 누구든지 간에, 심지어 자녀라 하더라도 상대방의 비밀을 존중한다는 것은 그의 독립성을 존중하는 것이다. 그의 사

적인 삶에 침입해 들어가 그의 비밀스러움을 침범하는 것은, 독립성을 침범하는 것과 같다.

현재 대부분의 부모들은 아이에게 무엇이든지 묻는 것에 너무나 오랫동안 익숙해져서, 자신들이 계속 꼬치꼬치 캐물어서 자녀의 독립성을 침범하고 있다는 사실을 전혀 깨닫지 못한다. 그러나 언젠가는(때로는 갑자기), 과거에는 아무런 상처도 주지 않았던 간단한 질문이라도 중단해야 할 때가 온다. "어제는 집에 몇 시에 들어왔니? 난 네가 들어오는 소리를 듣지 못했는데…" "다음 주 일요일에는 무얼 할 계획이니? 지난 주에 네 친구 피터의 집에는 사람들이 많이 왔니?" "앤드류와 여동생도 거기 왔었니?" "오늘 아침에는 춥지 않았니? 네가 외투를 집에 두고 나갔더구나." "네 방에 있는 작은 수채 물감 참 예쁘더라. 누가 준 거니?" "수학 시험 준비는 다 된 것 같니? 걱정되니?" "깨알같이 작은 글씨로 네게 자주 편지 보내는 애가 다니엘이니?"

이러한 질문과 이런 유의 다른 질문은 얼마 전까지만 해도 아주 자연스럽고 친절한 보살핌의 표현으로 환영받았다. 그러나 갑자기 아이는 이러한 질문들을 너무 꼬치꼬치 캐묻는

것이라 여기고 화를 낸다. 그는 더 이상 그런 질문들에 답하지 않는다. 그의 대답은 뜻을 알아채기 힘든 어깨짓 정도로 끝나 버리는데, 실은 다음과 같은 의미다. '그건 내 일이에요. 상관하지 마세요!' 그러면 엄마는 상처를 받는다. 그녀는 생각한다. '이 아이는 너무 예민해지고 있어. 이젠 어떤 것도 묻지 못하겠어. 하지만 이번 일요일에 스키복을 준비해야 할지는 물어 봐야 해! 이 애하고 한 집에서 같이 지내는 게 점점 힘이 들어. 이 애는 집을 호텔처럼 생각하고 있잖아. 식사 시간엔 늦게 오고, 아무 말도 없이 급히 먹고선 나가 버리고 말지. 저 아이 아내가 될 사람이 딱해."

그가 결혼을 하면 이런 문제들은 분명히 더 늘어난다. 이 어머니는 며느리하고 사이좋게 지내기 위해 무엇이든지 다 하려고 마음을 먹는다. 어머니는 며느리를 자기 딸처럼 환대한다. 그리고 애정어린 마음으로 이런저런 질문을 한다. 그녀는 며느리의 어린 시절에 대해 모두 알고 싶어하고, 며느리가 어떤 생각을 하는지, 어떻게 자기의 아들 존을 만나게 되었는지, 자기가 사 준 침실용 전등은 마음에 드는지 알고 싶어한다. 그녀는 며느리가 결혼 생활을 성공적으로 할 수 있도록 돕기 원하는 것이다. 물론 그녀는 이 젊은 며느리보다 자기 아들에 대해 더 잘 알고 있다. 존은 변덕이 심하다. "그 애가 가지 나물을 싫어하는 거 알고 있지?" 그녀는 자신만이 알고 있는 것을 매우 요령 있게 가르쳐 주면서 유익한 충고를 한다. "애야, 그 아이 셔츠는 속옷 더미 밑에는 두지 않는 게 좋아. 왜냐하면 그 애는 셔츠를 꺼낼 때마다 모든 걸 다 흐트러뜨리거든."

이 젊은 새댁이 자주 침울해 보이는 이유를 알겠는가? 그녀는 시어머니와 함께 사는 것이 편치 않은 것이다. 그녀는 시어머니의 애정어린 관심을 고마워할 수도 있다. 분명 시어머니는 며느리가 가족의 구성원으로 느낄 수 있도록 대해 왔다. "우리는 서로 서먹한 사이가 되어서는 안 돼." 그러면서 이 시어머니는 자기가 너무 속속들이 알려고 한다고는 생각하지 않는다. 사실 자기가 아들 부부의 비밀을 대놓고 캐물은 적은 없지 않은가? 그러나 이 젊은 부부가 적당한 아파트를 구할 수 없는 형편에서 부모의 집에서 결혼 생활을 시작한 것이 이토록 불행하게 된 이유는, 시어머니의 태도에서 기인한다. 이들 부부는 비밀을 가질 수 없다. 부모가 그들이 하는 일

을 다 알기 때문이다. 그들이 언제 나가서 언제 돌아오는지, 일요일 아침에는 그냥 누워 있는지 아니면 교회에 가는지 모르는 것이 없다.

시어머니 외에 시누이들도 있다. 그들 또한 올케를 진심으로 환영한다. 요즘 같은 때 대가족 생활을 할 수 있다는 것은 얼마나 멋진 일인가? 그녀는 시누이들과 정말 친자매처럼 지낼 수 있다. 시누이들은 한 가족으로서 항상 친밀하게 지냈고, 그들과 존 사이에는 어떤 비밀도 없었다. 그들은 분명 존의 결혼이 이러한 이상적인 관계를 해치는 것을 원치 않는다. 올케는 시누이들을 만나러 갈 때 마음이 편해야 하고 시누이들도 오빠나 남동생 집에 갈 때 마음이 편해야 한다. 요컨대, 이 집에서는 사랑하는 사람들 사이에 어떠한 비밀도 가져서는 안 되는 것이다! 그들은 올케가 나이트가운을 입는지 파자마를 입는지 보려고 거리낌없이 그녀의 옷장을 열어 볼 정도다.

유감스럽게도 이 모든 것들은 매우 흔한 일이며 그래서 바로 비극이다. 정확하게 말하자면, 부모의 애정 있고 선한 열심 때문에 젊은 부부들과의 관계를 망치는 경우가 너무나 흔

> 🌱 비밀스러움이 그토록 중요한 가치를 지니는 이유는
> 독립성의 여부가 걸려 있기 때문이다. 비밀스러움을 침범하는
> 모든 행위는 이러한 독립성을 침범하는 행위다.

하다. 우리가 살펴본 대로 만약 아들이 부모에게서 독립해 나가지 않는다면, 부모의 간섭에 미적지근한 반응만 보인다면, 또 부모가 꼬치꼬치 캐묻는 것으로부터 아내를 방어할 엄두를 내지 못하고 아내가 너무 예민하다고 생각하거나 그녀를 의심하거나 때때로 부모에게 바르게 행동하지 않는다고 생각한다면, 젊은 부부의 연합은 위태로워진다. 다들 최선을 다해 왔지만 사태가 악화된 이유를 누구도 알지 못한다.

오해가 있기 때문이다. 다시 말해 우선은 한 개인이 되기 위해서 필요한, 다음으로는 한 쌍의 부부가 되기 위해서 필요한 비밀, 그 비밀의 중요성을 무시한 상태에서 오해가 빚어졌기 때문이다. 비밀스러움이 그토록 중요한 가치를 지니는 이유는 독립성의 여부가 걸려 있기 때문이다. 비밀스러움을 침범하는 모든 행위는 이러한 독립성을 침범하는 행위다.

이러한 예는 전체주의 체제에서 쉽게 찾아볼 수 있다. 전체주의 체제의 핵심은 개인을 경멸하는 것이다. 당신은 랜즈버그(Landsberg)가[2] 게슈타포의 포로로 있을 때 경험했던 비참한 상황을 기억할 것이다. 그는 고문 때문에 자신이 혹시 비밀을 털어놓지는 않을까 두려워서 자살을 고민했다. 그 비

밀이란 레지스탕스 운동을 하는 다른 대원들의 명단이었다. 그는 소량의 청산가리를 숨기고 있었다. 과연 동료들을 배신할까 봐 두려워서 그 약을 사용해도 된단 말인가? 결국 그는 자신의 기독교 신앙이 자살을 허용하지 않는다는 결론을 내리고, 앞으로 자신이 당하게 될 끔찍한 고통을 피하지 않기로 했다. 그 후 그는 오라니엔부르크(Oranienburg) 집단 수용소에서 자신의 비밀을 밝히지 않은 채 죽었다.

당신은 그러한 극단적 경우가 내가 앞서 말한 가족 이야기와는 아무런 관련도 없다고 생각할지 모른다. 그러나 나는 그렇게 생각하지 않는다. 개인을 존중하는 것은 절대적으로 필요하다. 우리는 그것을 성실하게 고수할 수도 있고, 반대로 위험천만한 독재의 길로 치닫기 시작했을 수도 있다. 적당한 절충은 없다. 전체주의의 싹은 세계의 모든 경찰 세력 속에 잠복해 있다. 그 어떤 경찰력도 개인을 난폭하게 대하는 것에 양심의 가책을 느끼지 않는다. 모든 사람들이 그렇게 느끼고 있다. 비밀의 신성함이 무엇이며, 국가의 비밀, 군사 비밀, 산업 비밀, 의학과 재판의 비밀, 사업상의 비밀, 고해 성사의 비밀 등, 비밀을 지키는 책임이 무엇인지를 모두가 직관적으로 느끼고 있다. 또한 이기적 욕구나 비겁함 때문에 비밀을 누설하는 것과 강제력이나 속임수를 써서 다른 사람의 비밀을 거머쥐려는 시도는 결국 불명예를 초래한다는 사실을 모두 자각하고 있다.

그러나 전체주의의 싹은 우리 모두의 내면에 잠복해 있다. 그 싹이 더 자라지 않는 것은, 단지 우리에게 제재를 받지 않고 독재자가 될 힘이 없기 때문이다. 많은 사람들이 세계의 독재자들을 신랄하게 비판한다. 그러나 정작 그들은 자신이 소유하고 있는 권위만큼 가족과 수하에 있는 사람들에게 독재를 행하고 있다는 것을 전혀 깨닫지 못한다.

인간에게 권력이 생긴다는 것은 매우 위험한 일이다. 에고이즘(egoism)의 철학자 엠마뉘엘 무니에(Emmanuel Mounier)는[3] 죽기 직전에 "에스프리"(*Esprit*) 지에 "의학, 제4의 힘"이라는 위대한 연구 논문을 실었다. 과학과 현대 기술은 의사에게 인간을 지배할 만한 가공할 권력을 부여했다. 그 권력은 환자에게도 두려운 것이지만 의사 자신에게도 두려운 것이다. 무니에는 특히 뇌 수술, 정신 분석 그리고 최면에 의한 분석을 주목했다. 무의식 중에 한 사람의 비밀을 끌어낼 수 있

는 이러한 기술을 어느 정도까지 사용할 수 있을까? 나 자신도 일반적 법칙으로는 해결될 것 같지 않는 문제들을 분석하는 데 가끔 최면을 사용한다. 그러나 내가 그러한 방법을 사용할 때는, 의사에게 활력을 불어넣는 정신과 개인에 대한 깊은 존중, 환자의 진지한 동의와 자유로운 선택을 반드시 배경으로 한다.

이 영역에도 중간 지대는 없다. 모든 의술은 어떠한 기술이든 인간에게 힘을 행사할 수 있다. 우리가 개인과 그가 가진 자유를 존중하며 정직한 방식으로 이 힘을 행사하는지 아닌지를 아는 게 중요하다. 많은 사람들이 경험하는 정신과 의사에 대한 두려움은, 자기가 모르는 사이에 개인적 비밀을 꿰뚫어 알 수 있는 사람에 대한 두려움이다. 두 명의 정신과 의사 친구들과 처음으로 식사를 하고 헤어지는 길에, 아내는 식사 시간 내내 마음이 편치 않았다고 고백했다. 그녀는 그들의 꿰뚫어 보는 시선이 마치 자기 영혼의 모든 비밀스런 움직임을 관찰하고 있는 것 같고, 아무것도 그들의 시선을 피할 수 없을 것 같은 인상을 받았다. 다행히도 아내는 그 후에 그 친구들과 돈독한 우정을 나누게 되었다.

> 🍃 누구든 자신이 독립된 개인으로서 존중받는다고 느끼기 위해서는,
> 자유롭게 말하고 싶은 것을 말하고 비밀로 하고 싶은 것을
> 비밀에 부칠 수 있다고 느낄 수 있어야 한다.

많은 사람이 내게 인정한 바에 따르면, 수술받을 때 두려운 것이 있다면 수술 자체보다도 마취이며, 자신이 잠들었을 때 개인적인 비밀이 밝혀지는 것이라고 했다. 환자의 독립성을 존중한다는 것은 그의 비밀, 삶의 비밀을 엄격하게 존중하는 것이고, 꼬치꼬치 캐묻지 않는 것이다. 또한 환자가 표현할 용기가 없어서 가슴에만 품고 있는 무엇인가가 있다고 말했을지라도 그 비밀을 간직할 권리를 존중하는 것이다. 환자가 의사를 신뢰하게 하려면, 모든 의사는 마땅히 이런 태도를 견지해야 한다. 환자의 신뢰는 의술을 시행하는 데 필수적인 것이다.

많은 사람들이 내게 비밀을 털어놓는 이유는, 내가 호기심이 강하지 않기 때문이라고 믿는다. 호기심 강한 사람들은 비밀을 밝혀내고 싶어 안달하지만 실상은 별로 알아내는 것이 없다. 야생 동물이 사냥꾼에게 쫓기는 것을 느끼는 순간 멀리 도망쳐 버리듯이, 사람은 누구나 꼬치꼬치 캐묻는 사람을 피하려 하기 때문이다. 다른 한편으로, 비밀을 많이 들으면 들을수록 호기심은 줄어든다. 누구든 자신이 독립된 개인으로서 존중받는다고 느끼기 위해서는, 자유롭게 말하고 싶은 것

을 말하고 비밀로 하고 싶은 것을 비밀에 부칠 수 있다고 느낄 수 있어야 한다.

3_
비밀의
고백

누군가에게 비밀을 고백하는 것이 개인을 형성하는 둘째 단계라고 하면, 어린 프란시스를 다시 주목하게 된다. 엄마가 오른쪽 길로 왔는지 왼쪽 길로 왔는지를 캐묻자, 프란시스는 자신을 방어하기 위해 아무렇게나 대답해 버렸다. 그러나 친구에게는 상점이 없는 쪽 길을 택해서 걸었다고 사실대로 말할 것이다. 그것은 친구가 그녀에게 질문을 하지 않았기 때문이기도 하고, 비밀을 털어놓음으로써 자신의 우정을 증명해 보이는 기쁨을 경험할 수 있기 때문이기도 하다. 이러한 대조적인 반응은 자연스럽게 확대되서, 어느 쪽 길을 택했는가라는 문제보다 더 중요한 사건들에까지 연결될 것이다. 그녀는 좀더 가깝게 지내기 위해 자신이 선택한 친구에게는 밝힐 사실들을 엄마에게는 점점 더 많이 숨길 것이다.

그러므로 비밀을 지니는 것이 개인을 형성하는 첫째 단계라고 한다면, 그 비밀을 자신이 선택한 친구에게 자유롭게 고백하는 것은 둘째 단계가 될 것이다. 자유란 개인을 형성하는 그 무엇이다. 비밀을 간직하는 것은 자유를 선언하는 초기 단계다. 반면에 자신이 선택한 사람에게 비밀을 밝히는 것은 자

> 🍃 비밀을 지니는 것이 개인을 형성하는 첫째 단계라고 한다면,
> 그 비밀을 자신이 선택한 친구에게
> 자유롭게 고백하는 것은 둘째 단계가 될 것이다.

유 선언의 후기 단계로 훨씬 더 큰 가치를 지닌다. 비밀을 간직하지 못하는 사람은 자유롭지 못하다. 그러나 비밀을 절대 밝힐 수 없는 사람도 마찬가지로 자유롭지 못한 것이다.

사실 우리가 이 연구의 처음 부분에서 이야기했던 바, 어린이가 모든 것을 다 말하지 않고 개인적인 비밀을 간직하고자 하는 욕구는 인격(personality)을 꽃피우는 과정이라기보다는 개인이 되어 가는 과정의 한 부분이었다. 우리는 먼저 한 개인이 되지 않고서는, 자신이 속한 집단이나 가족으로부터 자유로워지지 않고서는, 비밀을 가질 권리가 있는 자신만의 독립성을 인식하지 않고서는 한 인격체(person)가 될 수 없다. 그러나 만약 이 단계에서 머문다면 그는 인격체라기보다는 개인으로 끝나고 만다. 여기서 한걸음 더 나아가 마음을 활짝 열고 자유롭게 비밀을 고백할 때, 비밀을 밝힌 사람들과 인격적으로 연결되고 그럼으로써 온전한 인격체가 된다.

그것은 어린이가 자기의 마음을 엄마나 아빠에게 열어 보일 때도 마찬가지다. 인격체의 성숙도를 평가하는 기준이 그가 가진 자유에 있다는 것을 쉽게 알 수 있다. 어린이가 통제받는 상태에 머물러 있고 어떤 것도 감히 부모에게 숨길 엄두

를 내지 못한다면, 부모에 대해 아직 유아적 의존 상태에 머물러 있는 것이다. 그러나 만약 그가 비밀을 가짐으로써 자유로워지면 단순한 어린이가 아닌 한 인격체로서 다른 사람들과 심지어 부모와도 친밀한 관계를 형성할 수 있게 된다. 그는 원한다면 숨길 수도 있는 비밀을 이들에게 고백한다.

프란시스는 비밀을 털어놓을 상대로 어머니를 선택하지 않았다. 자신이 스스로 친구를 택해서 어머니에게는 말하지 않은 사실을 얘기했다. 선택은 바로 개인이 되었을 때 가질 수 있는 특권이다. 이제 그녀는 엄마도 친구와 마찬가지로 믿을 수 있는 상대로 선택할 수 있게 되었다. 그 선택은 자유롭게 이루어진 것이기에 자신이 인격체임을 확인하는 행동이 될 것이다.

최근에 나는 손자들을 만나기 위해 그들이 새로 이사한 곳으로 찾아갔다. 잠시 후 아이들은 엄숙하게 내 손을 잡고 어두컴컴한 잡목 숲으로 데려갔다. 그 곳에는 그들이 만들어놓은 오두막 같은 것이 있었다. 이것이 바로 아이들이 필요로 하는, 작은 비밀 세계의 본보기다. 아이들은 온갖 상상으로 그 세계에 생기를 불어넣는다. 손자 녀석들은 문을 상징하는

가지를 뒤로 젖혀서 내가 들어가도록 허락해 주었다. 그들은 나를 자신들만의 비밀 세계로 초대하는 특권을 베풂으로써 나에 대한 애정을 증명해 보였던 것이다.

아이들이 부모로부터 벗어나려면 반드시 부모 밖의 세계에서 친구 관계를 형성해야 한다. 이 때 부모는 아이가 자신들이 원하는 친구만을 택하지 않는 것에 대해서 그리고 자신들에게는 말하지 않는 것을 친구에게는 말하는 것에 대해서 대부분 짜증을 내게 된다. 아이가 자신들에게 무엇인가를 숨기기 시작했을 뿐 아니라 자신들에게는 숨기는 것을 또래 친구에게는 이야기하기 때문에 부모는 질투를 하는 것이다. 이런 일이 일어날 때, 부모는 아이가 자신에게서 멀어져 가고 있으며, 이제 한 인격체가 되어 가고 있다는 것을 피부로 느끼게 된다.

부모가 아이의 친구들에 대해 느끼는 질투는 비극적 양상을 띨 수도 있다. 부모가 은폐된 방식으로만 질투를 표현한다 할지라도 그리고 자신이 질투를 느끼고 있다는 사실을 전혀 의식하지 못한다 할지라도 결과는 마찬가지다. 결국 그들은 자기 아이에게 너무 많은 영향력을 행사하는 친구를 떼어 내

는 작업을 시작하게 된다. "저런 애와 너무 자주 만나는 건 좋지 않단다." "그 애는 너한테 좋은 영향을 주지 않아." "게다가 한 친구만을 깊이 사귀면 안 돼." "넌 걔하고 떨어지면 아무것도 못할 것 같구나."

우리는 부모가 자신에게서 자유로워지려는 아이를 꾸짖고 나서 오히려 자유에 대한 설교를 한바탕 늘어놓는 것을 볼 수 있다. 부모의 그러한 반작용은 이제부터는 친구에게서 도움을 구하려는 아이를 부모로부터 훨씬 더 멀어지게 만든다. 그러나 이것은 운이 좋은 경우임을 기억하라. 부모가 너무나 탁월하고 질투심도 전혀 없어서 아이가 정당하게 반항할 이유조차 결코 제공하지 않는 경우도 있다.

인격체의 발달은 '선택'과 '보충'이라는 이중 행동의 결과다. 즉 먼저 거절의 행동을 보여서 숨기고 난 다음에 자기 것을 순순히 내어 주는 행동을 하게 되는데, 이 때 처음에는 말을 하지 않다가 그 후에 대화를 한다. 이러한 행동은 말뿐만 아니라 몸짓과 태도의 문제이기도 하다.

어떤 부인은 불빛을 등지고 앉도록 내가 특별히 신경을 써 주었기에 내가 그녀를 보는 것보다 그녀가 나를 더 잘 볼 수 있었음에도 불구하고, 계속 짙은 검정색 선글라스를 낀 채 진료실에 앉아 있었다. 15분 정도 대화가 오간 뒤 그녀는 선글라스를 벗으면서 머뭇거리며 말했다. "허락하신다면 선글라스를 좀 벗어도 될까요?" 내가 허락한다면이라니! 하지만 나는 그러한 행동이 무엇을 의미하는지 안다. '나는 이제 당신에 대해 조금은 안심하게 되었어요. 너무 숨기려 들지는 않겠어요.' 더군다나 이 부인이 그 때까지 선글라스를 계속 끼고 있었다는 사실 때문에 그것을 벗는 행동이 많은 중요성을 내포하고 있음을 분명히 알 수 있었다.

마음을 너무 쉽게 열어 보이는 사람은 스스로의 자유로운 선택에 따라 비밀을 고백하는 일이 거의 없다(숨김과 내어 줌의 두 단계를 거치지 않았기 때문에 그는 진정 자유로운 선택에서 나온 비밀의 고백을 모른다-역주). 감추려고 움츠리는 것과 자신을 내어 주는 이러한 이중 행동은 한 사람의 일생을 통해 모든 경우에 반복될 것이다. 자신을 내어 주기 위해서는 먼저 자신을 소유하는 것이 필요하다. 그러나 만약 자신을 내어 줄 수 없다면, 자신을 소유한다는 것은 전혀 유용하지 못한 방향으로 흘러가고 만다.

> 🍃　자신을 내어 주기 위해서는 먼저 자신을 소유하는 것이 필요하다.
> 그러나 만약 자신을 내어 줄 수 없다면, 자신을 소유한다는 것은
> 전혀 유용하지 못한 방향으로 흘러가고 만다. 그것은 미묘한 게임이다.

　그것은 미묘한 게임이다. 그러나 이 게임은 매순간 두 대화자 사이의 상호 관계의 정도를 가리키는 다양한 의미들로 가득 차 있다. 한 사람이 다른 사람보다 더 친밀하게 말하는 것은 분명 어색하다. 그 둘은 더 이상 동등한 관계가 아니다. 한 사람은 더 깊고 다른 한 사람은 더 얕은 관계를 맺기 때문이다. 자신의 마음을 타인에게 너무 쉽게 열어 버리고 어떻게 비밀을 지켜야 하는지 모르는 사람은 신중한 사람으로 받아들여지지 않는다. 반면에 자신을 결코 내어 보이지 않고 자신만의 세계 속에서 비인격적 상상으로 자신을 제한시켜 버리는 사람은 타인을 불쾌하게 하거나 싫증나게 한다. 또한 질문을 너무 많이 하는 사람은 성가신 것 같고, 충분히 묻지 않는 사람은 거리감이 느껴진다.

　자연스럽게 모든 사람은 자신만의 온도 조절 장치를 지닌다. 어떤 사람들은 다른 사람들보다 더 따뜻한 느낌을 준다. 이미 모두에게 알려져 있는 많은 비밀들을 끊임없이 이야기하는 수다스런 사람이 있는가 하면, 좀더 과묵한 사람도 있다. 속삭이는 정도의 알아듣기 힘든 목소리를 지닌 사람이 있는가 하면, 어떤 사람은 목소리가 너무 커서 다른 사람들에게

방해가 되고, 식당에서도 다른 사람들이 다 들을 만큼 큰소리로 자신의 비밀을 말하기도 한다. 네덜란드 사람들은 심지어 밤에도 창문에 커튼을 치지 않는다. 그들은 지나가는 사람들에게 호화스런 가구와 집의 내부, 평온하고 모범적인 가족의 모습을 보여 주고 싶어한다. 반면에 프랑스 사람들은 집 주위에 높은 담을 쌓고 심지어 낮에도 차양을 친다.

하지만 내가 묘사하는 것은 이런 표면적 모습보다 훨씬 더 심오하다. 즉 네덜란드 사람도 프랑스 사람만큼이나 자신의 마음을 쉽게 열지 않고, 시끄러운 사람도 과묵한 사람만큼이나 마음을 쉽게 열지 않는다. 우리는 평소에는 수줍어서 말이 없는 사람에게서 뜻밖에 친근한 말을 들으면 어리둥절해진다. 그리고 이런 뜻밖의 말을 한 당사자는, 누군가에 의해 많은 비밀이 폭로되고 알려지는 것보다 훨씬 더 풍성한 체험을 하게 된다. 침묵도 경우에 따라서 다양한 어조를 띤다. 그것은 거만한 거절을 의미할 수도 있지만 자신을 진정 주는 것일 수도 있다.

어린 프란시스는 이제 성장해서 어른이 되었다. 성숙해진 것이다. 그녀는 비밀스러움과 개방, 침묵과 대화라는 이 미묘

하고 중요한 게임을 조금씩 배워야 했다. 이 사람에게는 비밀을 어디까지 말해야 할까? 또 저 사람에게는? 그것은 분명히 기술이다. 다른 모든 기술처럼 이 기술 역시 많은 경험을 통해서 얻어진다. 이는 고대의 철학자들이 무척 가치 있는 미덕이라고 주장했던 신중함과 관련된 기술이다. 모든 내용은 말해야 할 적당한 때가 각각 있다. 즉시 말해야 할 것이 있고, 재빨리 붙들어야 할 기회가 있다. 그리고 뒤로 미루어야 할 것이 있고, 표현하기 전에 좀더 무르익도록 기다려야 하는 것이 있다. 타인에게 자신을 열어 주어야 할 때가 있고, 타인의 감정을 건드리지 않기 위해 침묵을 존중해야 할 때도 있다. 동물에게는 본능적 반사 동작만 있을 뿐이다. 아무리 간절히 요청한다 하더라도 동물은 자신의 반응을 늦출 수 없다. 인간의 독특한 점 한 가지는 대답의 내용뿐만 아니라 대답의 시기를 선택할 능력이 있다는 것이다.

 우리는 매순간 모든 사람과의 관계에서, 심지어 자기도 모르는 사이에 비밀을 약간 누설하기도 하고 숨기기도 한다. 어떤 비밀을 간직하고 어떤 비밀을 밝히는가에 따라서 한 사람의 성숙도와 개인적 자유 정도를 측정할 수 있을 것이다. 비

> 🍃 사람은 누구나 자기 표현의 욕구가 있다.
> 어떤 비밀을 간직하고 어떤 비밀을 밝히는가에 따라서
> 한 사람의 성숙도와 개인적 자유 정도를 측정할 수 있을 것이다.

밀을 어떻게 간직하는지 알지 못하는 어린이들, 수다쟁이들, 어디서 멈추어야 할지 모르는 혹은 알면서도 멈출 수 없는 사람들, 이들은 타인과 적절한 일대일 관계를 맺을 능력이 없는 사람들이다. 그들은 비밀을 알고 있음을 자랑스러워하고 그러한 온갖 종류의 비밀을 누설하는 데서 오는 무가치한 즐거움을 포기하지 못한다. 또한 내면에 자유가 결핍되어 있기 때문에 타인의 지배 아래로 떨어지게 된다. 반면에 개인적인 일을 전혀 표현하지 못하는 폐쇄적인 사람들은 정신적 고독이라는 감옥에서 빠져 나오지 못한다.

사람은 누구나 자기 표현의 욕구가 있다. 왜 남성들은 술집에서 만나기를 좋아하고 여성들은 찻집에서, 젊은이들은 클럽에서 만나기를 좋아하는가? 그들은 서로 자신의 작은 비밀을 털어놓기 위해서 만나는 것이다. 이럴 때 어떤 사람들은 좀더 솔직해지는 법을 배워야 하고, 어떤 사람들은 좀더 과묵해지는 법을 배워야 한다. 각 경우는 똑같이 어렵다.

그러나 모든 것은 보편화된 사회적 게임의 관습에 달려 있다거나 타고난 기질에 따라 결정된다고 생각해서는 안 된다. 중요한 것은, 관습적으로 인정된 것에서 근소한 이탈을 하는

것 그리고 인간의 자연스러운 행동으로 간주되는 것을 약간 뛰어넘는 것이다. 이를테면, 갑자기 어떤 사람이 전에는 한 번도 사용한 적이 없는 친근한 말투로 당신에게 말을 건네고, 어느 누구에게도 말할 엄두를 내지 못했던 것을 당신에게 말했다고 생각해 보자. 그가 평상시에는 너무나 소심했기 때문에, 당신은 한층 더 감동받을 것이다. 당신은 그의 태도에 특별한 친근감이 들어 있다는 것을 느끼게 되고, 그는 순식간에 친구가 된다. 그가 당신을 친구로 선택한 것이다. 그는 당신을 흉금(胸襟)을 털어놓는 벗으로 선택했다. 바로 이 순간 그와 당신 사이에는 견고한 유대가 확립된다. 그것은 바로 철학자들이 '상호 인격적'(interpersonal)이라고 부르는 결속 관계다.

더욱이 그와 당신 사이에서뿐만 아니라 그의 내면과 당신의 내면에서 본질적인 사건이 일어난다. 사람은 이렇게 친밀하고 진정한 만남을 통해서 인격체가 된다. 어느 누구도 자신의 내면으로만 향하고 분석하는 고립된 상태에서는 진정한 자신을 발견할 수 없다. 인간은 자기를 내어 줌으로써 자신을 발견한다. 비밀을 말하는 것은 자기 자신을 내어 주는 것이다. 이것이야말로 상대를 크게 감동시킬 수 있는 가장 가치 있는 선물이다. 앞에서 언급한 친구는 자신을 이김으로써 즉 자신의 소심함과 내적 속박을 떨쳐 버리고, 마음을 내어 주지 못하도록 저항하고 있는 자기 내부의 본성을 극복함으로써 인격체가 되었다. 그는 해방이라는 특별한 감정을 경험하며, 자기 존재의 차원이 갑자기 확대됨을 느낀다. 자신의 숨통을 조였던 벽을 깨뜨려 버린 것이다. 그는 당신에게 솔직해짐으로써 자기 자신에게도 솔직하게 되었다.

그는 또한 당신을 한 인격체로 만들었다. 왜냐하면 당신을 친구로 선택했으며 당신을 믿고 자신의 비밀을 이야기했기 때문이다. 이러한 호의는 당신 쪽에서도 그렇게 해야겠다는 강한 열망을 갖게 하며, 당신을 속박하는 것으로부터 자유롭게 해준다. 이제는 당신 차례다. 즉 평상시와는 다른 신뢰의 분위기 속에서, 전에는 감히 밝히리라고 생각하지 못했던 비밀들을 말할 수 있다. 이것이 진정한 우정이다. 이러한 비밀의 교환을 통해서 두 사람 모두 자신이 성장하고 있고 더욱 깊이 있고 성숙한 존재가 되어 간다고 느낄 것이다. 이러한 경험은 대부분 청소년기에 겪는, 지극히 위대하고 아름다운 경험 중의 하나다. 이 시기에 그들은 비밀을 선물로 주고받음

> 사람은 친밀하고 진정한 만남을 통해서 인격체가 된다.
> 어느 누구도 자신의 내면으로만 향하고 분석하는 고립된 상태에서는
> 진정한 자신을 발견할 수 없다.

으로써 진정한 유대 관계를 맺고 우정의 가치를 열렬히 추구한다.

내 얘기를 하자면, 나는 너무나 속을 터놓지 않는 사람이었기에 청소년기 이후로도 오랫동안 이러한 경험을 하지 못했다. 사람은 폐쇄적인 존재 앞에서는 마음을 닫아 버리고, 기꺼이 열 준비가 된 사람에게만 자신을 열어 보이는 법이다. 그러나 나는 뒤늦게 내 속마음을 털어놓은 까닭에 훨씬 큰 변화를 겪었다. 내 감옥의 문은 활짝 열렸고, 내 삶은 그 경험에 의해 완전히 뒤바뀌어 버렸다.

그러나 자신의 마음을 털어놓을 만한 사람을 알아보는 직관과 육감을 갖기 위해서는 특별히 성숙해야 한다. 성 프란체스코는 1만 명 중에서 한 명을 고백의 대상으로 선택해야 한다고 말했다. 물론 그는 고해 성사를 염두에 두고 이런 말을 했지만, 깊은 우정을 맺게 해주는 일반적인 상호 고백에서도 이것은 결코 틀린 말이 아니다. 이러한 견지에서 내가 겪은 불행한 경험은 대부분 청소년 시기에 있었던 것이다. 어떤 청소년들은 이 시기를 특징짓는 격한 감정적 열망으로, 비밀을 지켜 줄 능력이 없는 친구에게 매우 중요한 비밀을 털어놓는

다. 이것이야말로 정말 재난이다. 비밀을 누설하는 것은 배신이며 인격에 대한 폭력이다. 개인을 형성하는 데 매우 중대한 영향을 미칠 수 있는 과정(한 친구를 택하여 비밀을 고백하는 것—역주)이 경솔함 때문에 실패로 끝난다면, 오히려 인격체의 발전을 가로막게 된다. 마음을 완전히 열고 자신을 정직하게 내어 주었음에도 불구하고 그런 식으로 한 번이라도 배신당해 본 사람이라면 아주 오랫동안, 때로는 평생 사람을 믿지 못한다.

남의 비밀을 듣게 되면 그 때부터 큰 책임을 짊어져야 한다. 만약 자신이 밝힌 비밀이 지켜질 것이라고 확신한다면 그 사람은 대단한 내적 해방을 얻게 될 것이다. 반면에 비밀이 폭로된다면 그에게 파괴적인 영향을 미칠 것이다. 나는 여기서 부끄러운 비밀만을 말하는 것이 아니다. 특별히 신비한 체험과 연관된 경이롭고 귀중한 비밀로서 수년 동안 아무에게도 발설하지 않았던 비밀들도 마찬가지다.

나는 매우 신중하게 비밀을 지킨다. 다른 사람의 비밀을 밝히는 것이 어떤 결과를 가져올지 알기 때문이다. 어떤 사람이 내게 한 말은 다소 평범한 문제였기에 내가 내 아내와도

거리낌없이 얘기할 수도 있는 것이었다. 그럼에도 내가 그에게서 들은 바를 내 아내에게 전혀 말하지 않아서 그가 놀라는 경우도 종종 있다(그가 내 아내에게 말하면 되는 것 아닌가?). 그러면 당연히 그는, 나와 아내의 관계에 대해 질문할 것이다. 하지만 부부의 관계는 둘의 비밀을 밝히는 것으로 이루어지는 것이지 타인의 비밀을 밝히는 것으로 이루어지는 것은 아니다.

반면에 나와 아내가 관련된 혹은 나보다는 아내가 더 많이 관련된 우리의 일화를 가끔 책을 쓸 때 인용하는데, 그럴 때마다 나는 반드시 아내의 동의를 구한다. 아내는 이러한 작업을 '우리의 일'에 자신이 참여하는 것으로 받아들인다. 우리의 일이란 내가 책을 쓰는 일에 아내가 함께하는 차원을 말하는 것이 아니라, 우리 둘이 함께 헌신하는 인간의 일과 관련된다. 우리는 둘 다 타인과의 관계에서, 즉 아내는 자신이 만나는 사람들과의 관계에서 그리고 나는 상담을 요청하는 사람들과 내가 쓴 글을 읽는 사람들과의 관계에서, 관습적 수준과 이론상의 견해들을 뛰어넘어 좀더 인격적인 방식으로 말하려고 노력한다. 왜냐하면 삶의 진실을 추구하는 사람들에

> 인격체란 추상적인 실체가 아니다. 그것은 우리가 사는 그대로의 개인적인 삶이다.
> 우리는 그러한 삶을 있는 그대로 표현하는 일을 너무나 어려워한다.

게 가장 큰 도움이 되는 것은, 그들이 자신의 실제적 경험을 말할 때 그 말을 들어주는 것이라고 배워 왔기 때문이다.

인격체란 추상적인 실체가 아니다. 그것은 우리가 사는 그대로의 개인적인 삶이다. 우리는 그러한 삶을 있는 그대로 표현하는 일을 너무나 어려워한다. 그러나 아내는 우리의 어떤 비밀들이 책으로 활자화되어 나오는 것을 볼 때, 그것이 자신에게 아픔을 준다는 사실을 나에게 숨기지 않는다. 우리 사생활에 관한 글이 먼 나라에서 읽혀지는 것은 아내에게 별로 문제가 되지 않지만, 그것이 친척이나 친구, 즉 우리를 개인적으로 잘 아는 주위 사람들에게 읽혀지는 것은 전혀 다른 문제인 것이다.

이 모든 것이 매우 미묘하다. 비밀을 밝힐 때 우리가 두려워하는 것은 그것이 어떤 특정한 사람의 귀에 들어갈 수 있다는 것이다. 그것은 제네바 주민들이 취리히에 있는 정신 분석학자에게 상담하러 가고, 취리히 주민들이 제네바로 오는 이유이기도 하다. 그리고 신실한 가톨릭 신자가 가끔 고해를 위해 멀리 떨어진 교구를 찾아가는 이유를 설명해 주기도 한다. 폭로한 사람에게 유익이 되지도 않아서, 밝혀지더라도 우리

에게 그리 해로워 보이지 않는 비밀도 있다. 그러나 크고 작은 비밀이 따로 있는 것이 아니라 우리의 비밀이 감정적 가치를 지니는 이유는, 그것이 우리 자신의 것이며 우리에게 영향을 미치기 때문이다.

그러나 특별히 부담스러운 비밀도 있다. 세상에는 그런 비밀들이 당신이 생각하는 것보다 훨씬 더 많다. 평생 한 가정의 분위기를 망칠 수 있는 비밀이 있다. 결혼 전에 사생아를 낳고 어딘가에 숨긴 뒤 일 년에 한 번씩 몰래 아이를 보러 가는 어머니가 있다. 혹은 막내아들이 배다른 아이라는 사실을 숨기고 살아가기도 한다. 그 애가 아버지라고 믿고 있는 사람이 사실은 아버지가 아니라는 것을 언제 그에게 말해야 하는가? 그것은 얼마나 어려운 일인가? 남편조차 그 사실을 모르거나, 안다고 하더라도 아내가 고백하지 않았기에 모른 체하는 경우는 훨씬 더 어려운 상황이 된다. 이 아이는 그 사실을 부모에게서 직접 듣지 못할 것이다. 그는 자신의 정체성과 관련해 늘 속고 있는 셈이며, 그것은 인격에 대한 폭력이다.

많은 부부가 아이에게 아주 어릴 때 양자로 입양했다는 사실을 말해 줄 용기를 내지 못한다. 그 아이는 잔인하게도 반

친구 중 하나가 그의 면전에서 모욕적으로 내뱉는 말을 통해서 그 사실을 알게 된다. 혹은 여권을 찾으러 가서 한 번도 본 적이 없는 무심한 공무원 때문에 뒤늦게 사실을 알게 되기도 한다. 밝혀질까 봐 불안하게 하는 비밀들이 많다. 조상 중 한 사람이 적에 동조했다는 비밀, 어떤 조상은 방탕한 삶을 살았고 어떤 조상은 과거에 파산을 했다는 비밀, 형제 중 하나가 동성애자나 범죄자였음이 밝혀져 가정에서 제명당하고 식구들은 그가 다시 나타나는 것을 두려워하고 있다는 비밀 등 불안한 비밀이 있다. 또한 가정 생활에 대한 비밀이 있다.

모든 사람의 존경을 받고 칭찬을 듣는 사람이 있다. 그는 지역 의회 의원이고 여러 사회 윤리 조직의 회원이지만, 집에서 아내와 싸울 때는 성질이 난폭해진다. 그와 아내, 아이들은 모두 싸우는 소리가 이웃의 귀에 들릴 것을 두려워한다. 그는 싸울 때 잔인해지고 아내를 무자비하게 때리기도 한다. 그 자신도 자기가 왜 이런지 모른다. 그는 위원회의 동료들이 이 사실을 알게 되면 자신을 어떻게 생각할까 하고 두려워하며 고민한다.

이제 남들의 부끄러운 비밀을 뛰어넘어, 우리 각자가 부끄

러워하는 비밀스런 행동을 생각해 보자. 탈선의 순간에 잘못된 행동을 저지르는 경우도 있다. 아무리 마음을 굳게 먹고 노력을 해도 잘못된 행동에서 벗어날 수 없는 경우도 있다. 마시지 않고는 도저히 견딜 수 없는 포도주나 위스키를 책장 사이에 숨겨 두기도 하고, 서랍에 포르노 사진을 감추어 두기도 한다. 가족에게 매우 존경받는 아버지가 매춘부를 비밀리에 정기적으로 찾아가기도 한다. 한 번도 세금을 내지 않은 명세서가 있다. 당신이 늘 서 있는 공적인 삶―사르트르가 '무대 위'라고 표현한―에서만 당신을 접하는 사람들이 안다면 비웃을지 모르는 유치한 취미들이 있다. 공적인 삶에서는 그렇게 단호하고 권위 있는 사람이 아내와의 사생활에서는 이상한 취약점을 가지고 있기도 하다. 욕심을 이기지 못하고 여러 번 어리석은 소비를 한 까닭에, 항상 절약을 설교해 온 아내에게 차마 그 비밀을 고백하지 못하는 경우도 있다. 이외에도 우리 자신이 저질러놓고 스스로 놀라는, 비겁하고 천박한 행동들이 수없이 많다.

4_
정신
치료와
비밀

비밀을 누설(revelation)하는 것과 고백(confession)하는 것 사이의 경계선은 거의 감지할 수 없다. 왜냐하면 양자 모두 비밀을 털어놓는 과정을 포함하기 때문이다. 게다가 어떤 비밀이든 그것을 고백하면 놀라울 만큼 마음이 편해진다.

오늘날 적어도 특정 국가에서는 정신 분석학자가 종교 상담가의 자리를 대신하는 경우가 많다. 교회는 이러한 현상에 대해 어느 정도 책임을 져야 한다. 수세기 동안 성직자만이 영혼의 문제에 관여해 왔지만, 그들은 종종 즉흥적으로 일했다. 어떤 성직자들은 사람의 말을 한두 시간 경청하는 것으로 자신의 의무를 다했다고 생각한다. 그리고 그가 너무 자주 찾아오면 마음속으로 이런 생각도 한다. '작은 흙무더기를 산으로 만들려고 하다니, 이 사람은 어디가 아픈 모양이군.' 그러면서 자신을 찾아온 환자의 경험에서 드러나는 인간적인 문제들이 얼마나 중요한지 감지하지 못한 채, 더 이상 그의 말에 귀기울이지 않고 아무 생각 없이 듣는다.

이러한 상황에서 프로이트가 등장했다. 그는 사람들의 영혼에 대한 깊은 사랑 때문에 무한한 인내심으로 그들의 말을 수백 수천 시간 들어 주었다! 프로이트와 그의 제자들이 내놓은 새로운 지식은 우리에게 엄청난 수확이었다. 먼저 그들은 아픈 사람에 대한 이해와 지식을 얻고자 헌신했다. 그러나 일반적인 사람에 대해 더욱 참되고 깊은 지식을 내놓기도 했다. 인간에 대한 일반적인 개념과 인류학에 대한 관점이 모두 뒤집어졌다. 프로이트는 자신을 발견하기 위해서는 자신이 지고 있는 짐을 벗는 것이 가장 먼저 필요하다는 사실을 가르쳐 주었다. 그는 주저하거나 가장하지 않고 말하는 단순한 태도에 대단한 치료 효능이 있음을 밝혀내었다. 이제는 건강한 사람도 아픈 사람과 마찬가지로 그러한 치료를 필요로 하고 있다. 또한 그는 일어나는 현상을 기술하기 위해 카타르시스(catharsis), 감정 전이(affective transference)와 같은 학술적 용어를 쓰기도 했다. 하지만 우리는 이러한 현상을 다음과 같이 더 간단한 언어로 표현할 수 있을 것이다. 자신의 비밀을 말하는 것, 그리하여 우리 모두가 필요로 하는 인간적 친교를 경험하는 것.

그렇다. 이것이 모든 학파에서 가르치는 정신 치료의 본질이다. 서로 견해를 달리하긴 하지만 프로이트, 융, 매데(A.

Maeder), 아들러(A. Adler), 랭크(O. Rank)의 제자들은, 모든 풍성한 사고 활동의 원천이라고 밝혀진 의학 활동, 즉 정신 분석의 길을 연 스승들의 천재성에 경의를 표해 왔다. 교회는 처음에는 이 정신 치료 요법에 맞서 싸웠지만, 이제는 성직자들이 편견을 극복하고 오히려 도움을 받고 있다. 다른 사역에 비해 너무나 오랫동안 답보해 왔던 영혼에 대한 종교적 치료는, 완전히 새로운 양상을 띠고 합당한 자리를 찾게 되었다.

우리는 지금까지 이 책에서 제시해 온 핵심적 요소들을 정신 치료라는 상황에서 다시 한 번 발견하게 된다. 부모에게 말하지 않았던 비밀을 의사에게 털어놓는 환자는 자신이 지고 있던 짐을 내려놓게 되고, 부모로부터도 자유로워진다. 흔히 처음에는 주저한다. 그는 자신뿐만 아니라 다른 사람들, 즉 부모나 형제 자매, 선생님, 친구들과 연관된 사실을 말하는 것을 몹시 꺼린다. 만약 자신이 화나고 고통받았던 일을 언급한다면, 그 일에 관련된 다른 사람들을 부당하게 판단하는 것이 아닌가 하고 두려워하기 때문이다. 그것은 그가 아직 유치한 원리에 지배당하고 있다는 근거를 보여 준다. 아직까지 부모는 그에게 일종의 금기 사항인 것이다.

> 비밀은 죄다 털어놓아야 하며 처음부터 끝까지 솔직해야 한다.
> 그러나 어느 누구도 처음부터 완전히 성공할 수는 없다.
> 단지 점점 더 투명해질 수 있을 뿐이다.

    정신 치료를 위한 일련의 상담 과정을 보면, 앞에서 논의했던 '숨김'(withdrawal)과 '내어 줌'(surrender)의 리듬이 교대로 작용하고 있음을 알게 된다. 모든 사람이 즉각 이러한 정신 치료의 성공이 완전한 투명성에 달려 있다고 느끼게 된다. 그래서 비밀은 죄다 털어놓아야 하며 처음부터 끝까지 솔직해야 한다. 그러나 어느 누구도 처음부터 완전히 성공할 수는 없다. 단지 점점 더 투명해질 수 있을 뿐이다. 이 작업은 결코 확정적인 상태에서 시작하는 것이 아니다. 오히려 그것은 움직임, 즉 주저하면서도 투명성을 향해 나아가는 움직임이다. 저항과 후퇴와 장애물이 있을 수 있다. 그러나 비밀을 털어놓은 후 당신은 그 동안 지고 있던 짐을 벗었다고 느끼게 되는데, 이는 그만큼 해방되었다는 증거로서 새롭고도 심원한 느낌을 준다.

    무엇보다도 의사란, 앞서 살펴보았던 어린이가 선택한 친구처럼 당사자가 자유롭게 선택하고 의지할 수 있는 친구 같은 사람이다. 그는 어떠한 비밀도 지킬 수 있기에, 환자가 전에는 누구에게도 밝히지 않았던 사실을 털어놓을 수 있는 그런 사람이다. 하지만 그는 친구와는 조금 다르다. 왜냐하면

의사와 환자가 나이가 같다고 하더라도 의사는 그 역할 때문에 연장자로 규정될 수밖에 없기 때문이다. 그는 아버지의 역할을 하거나 혹은 최소한 맏형의 역할을 하게 된다. 환자는 그에게 비밀을 고백함으로써 그와 유대를 형성해 갈 것이고, 의사가 신중히 침묵을 지키면서 사용하는 프로이트의 정신 분석 기술과도 연관을 맺게 될 것이다.

프로이트가 고전적인 정신 분석 치료의 과정에서 의사에게 엄격한 자제를 요구했다는 것은 잘 알려진 사실이다. 즉 의사는 환자가 종종 고통스러워하며 묻는 질문에 어떠한 대답도 해서는 안 되며, 심지어 그 자신까지도 숨겨야 한다. 환자는 긴 의자에 다리를 뻗은 채 누워 있고, 의사는 그 뒤에 있기 때문에 환자가 의사의 얼굴 표정을 보지 못한다. 그러므로 환자와 의사 사이에는, 앞서 묘사했듯이 각자 비밀을 밝힌 두 친구 사이와 같은 의미에서의 상호 작용은 없다. 실제로 어떤 경우에는 프로이트의 정신 분석 기술이 절대적으로 필요할 때도 있다.

하지만 이런 상황에서도 우리가 처음에 생각했던 것보다 더 많은 상호 작용이 일어난다. 프로이트 학파는 감정 전이,

즉 치료 과정에서 환자가 의사에게 느끼는 감정을 연구하고 나서, 역전이(逆轉移), 즉 의사 자신의 마음속에 일어나는 감정들을 연구하지 않을 수 없었다. 의사가 아무리 자제하고 침묵하려고 노력해도, 그는 사건에 능동적으로 참여하게 된다. 그러고 나면 의사와 환자 사이에 어떤 일이 생긴다. 그것은 둘 다 참여하고 있기 때문에 생겨나는 상호적인 그 무엇이다.

우리는 정신 치료의 전개 과정에서 이러한 상호 작용이 점점 더 증가하는 것을 보게 될 것이다. 융과 매데는, 숨어 버리고 침묵하는 의사 대신에 환자와 얼굴을 마주 대하는 의사가 되라고 권고한다. 우리는 프로이트 학파의 독백을 뛰어넘게 되었다. 이제 대화의 실마리가 생긴다. 매데는 '인격적 접촉' (personal contact)이란 말을 처음으로 사용한 사람일 것이다. 이 말은 더 깊은 상호 작용의 느낌을 준다. 그러나 여기서도 의사는 여전히 매우 신중한 모습에 머물러 있다. 그는 질문하는 것을 제외하고는 거의 개입하지 않기 때문이다. 결국 프랭클(V. Frankl)에 와서야 대화가 지지를 받게 되었다. 이제 의사는 환자와 대화를 지속시켜야 하고, 환자가 열중하고 있는 모든 질문에 동참해야 하며, 어떤 질문도 피해서는 안 된다.

또한 의사는 윤리적으로 철저히 중립을 유지하고, 자신의 개인적 신념을 개입시켜서는 안 된다는 것도 명심해야 한다.

개인에 대한 일반적인 의료 행위는 정신 치료의 기술이 아니다. 그것은 환자와 인간 대 인간, 인격 대 인격 관계를 맺는 모든 의사들, 예를 들어 외과 의사의 태도를 잘 보여 준다. 최초로 매데가,[1] 그 후 플래트너(P. Platner)가[2] 증명했듯이, 정신 분석학자가 의료 행위를 하게 되면 그는 프랭클도 주목하는 최후의 은폐(last reservations: 철저한 중립성과 개인적 신념의 배제—역주)로부터 자유롭게 되며, 완전한 상호 교류의 관계를 수용하게 된다. 그 때 의사는 자신의 인격과 영적 삶, 개인적 가치에 대한 판단, 자신의 경험, 자신의 비밀을 대화에 포함시킬 수 있다.

그러한 완전한 상호 교류가 해로운 권유나 설교가 될 수도 있다는 우려의 목소리도 있었다. 하지만 모든 것은 의사를 고무하는 정신, 환자의 독립성을 진정으로 존중하는 것에 달려 있다. 앞서 지적된 우려와는 반대로, 내 경험상 이러한 태도는 환자에게 가장 위대한 윤리적·정신적 자율권을 선사하는 동시에, 환자와 의사가 가장 위대한 상호 인격적 유대를 맺게 해준다. 나는 이러한 '열린 상호 교류'에서 생기는 어려움이 고전적 정신 분석학이 주장하는 '감추어진 상호 교류'에서 생기는 어려움보다 훨씬 더 작다고 본다.

그러나 실제로 치료 현장에서는 두 가지 방법을 알맞게 정도껏 취해야 한다. 나는 친구 대 친구의 상황에서 이미 그것을 강조한 바 있다. 매데의[3] 뒤를 이어 발린트(M. Balint)는,[4] 그러한 노력에서 치료 주체는 인격체로서의 의사임을 지적했다. 그는 또 주장하기를, 이러한 인격체에 의한 치료는 정신 요법뿐만 아니라 모든 의학 분야에서도 그 역할을 수행한다고 했다. 왜냐하면 치료하는 주체가 외과나 내과 의사, 일반 의사든 간에, 모든 환자는 마음을 짓누르는 비밀을 가지고 있기 때문이다.

모든 환자는 비밀을 표현할 필요가 있다. 그러나 의사가 그들에게 얘기할 시간과 호의적 분위기를 제공하지 않고 순전히 객관적인 태도로만 질문하고 검토한다면, 비밀을 털어놓는 것은 불가능할 것이다. 환자들은 의사와의 인격적 관계를 필요로 한다. 이러한 관계 속에서 그들은 스스로 짐을 벗고 자유롭게 될 수 있다. 환자가 마음의 무거운 짐을 벗어 버

> 모든 환자들은 의사와의 인격적 관계를 필요로 한다.
> 이러한 관계 속에서 환자들은 스스로 짐을 벗고 자유롭게 될 수 있다.
> 이 때 치료 주체는 인격체로서의 의사다.

리면, 의사가 환자를 치료하고 그의 증세를 이해하는 데 상당한 도움을 얻게 된다. 하지만 발린트는 의과 대학에서는 단순히 물리적 의술이 아닌 인격을 통한 의술을 어느 정도 사용해야 하는지를 가르쳐 주지 않는다고 지적한다. 여기에서 또 한 번, 지금까지 언급해 온 적당한 정도의 문제가 부각된다. 즉 어느 정도 말해야 하며, 어느 정도 침묵을 지켜야 하는가? 몸짓과 자세와 침묵을 어느 정도로 사용해야 하는가?

발린트에 따르면, 모든 의사들은 '사도적 기능'을 수행하고 있다. 즉 의사는 환자에게 윤리적이고 영적인 영향력을 미친다. 의사는 의식적이든 그렇지 않든, 또 의도적이든 그것을 깨닫지 못하든 간에, 삶에 대한 자신의 개념과 철학과 신념을 환자에게 전달한다. 근본적으로 그는 환자에게 자신을 내어 주는 만큼 자신의 비밀도 다소 내어 주게 된다. 상호 교류는 반드시 말을 통해서만 이루어지는 것은 아니다. 그것은 오히려 태도와 감정, 표정과 침묵을 통해서 더 잘 표현될 수 있다.

정신 치료의 상황에 대해 연구함으로써 우리는 비밀의 문제에 대해 더 섬세하고 깊게 분석할 수 있게 된다. 정신 분석학자의 진료실에는, 자신의 비밀을 털어놓는 환자와 존중하

> 🍃 인간은 자신에 대해서조차 이해하지 못하는 부분이 있다.
> 약간의 특징 없는 흔적과 약간의 고통스럽고 불분명한 기억만을
> 감지할 수 있을 뿐이다. 그 밑바닥에는 깜짝 놀랄 만한 신비스러운 비밀이 있다.

는 마음으로 환자의 말에 주의 깊게 귀기울이는 의사 이상의 무엇이 있다. 거기에는 그들 자신의 비밀과 더 비밀스러운 비밀을 찾는 두 사람이 있다. 더 비밀스러운 비밀은 숨어 있기에, 그들이 의식적으로 알지 못하는 비밀이다. 각자는 그것이 삶에서 결정적인 역할을 하고 있음을 감지하긴 하지만 정확히 무엇인지는 모른다.

인간은 자신에 대해서조차 이해하지 못하는 부분이 있다. 사람들은 오늘날 그 사실을 더 비극적으로 인식하고 있다. 정신 분석학은 인간의 의식 깊은 곳에 비밀의 벽장이 있으며 현대인은 이 비밀의 벽장 열쇠를 잃어버렸다는 사실을 밝혀 주었다. 이 무의식의 벽장 속에는 무엇이 있는가? 거기에는 어떤 감정과 욕망과 정서와 기억과 충동과 희망과 후회가 있는가? 인간은 약간의 특징 없는 흔적과 약간의 고통스럽고 불분명한 기억만을 감지할 수 있을 뿐이다. 그 밑바닥에는 깜짝 놀랄 만한 신비스러운 비밀이 있다. 자기 분석력이 발전하면 할수록, 인간은 자신을 발견하는 과정에서 지금도 잃고 있는 것이 무엇이며, 앞으로도 계속 잃게 될 것이 무엇인지를 더 많이 깨닫게 된다.

나는 그것이 '고뇌'의 주요 원인 가운데 하나라고 믿는다. 우리는 실존주의자들을 통해 그것을 느끼게 되었지만 고뇌는 현대인을 특징짓는 말이다. 현대인은 자신이 늘 무대 위에 서 있다는 것을 잘 안다. 그리고 그 위에서 자신의 정체를 더 잘 감추고, 보이고 싶은 것만을 드러내려고 고군분투하고 있다는 것도 분명히 안다. 그러나 정작 자신이 무엇을 숨기고 있는지, 그것의 정체에 대해서는 알지 못한다. 그는 자신의 인생이 아무리 아름답게 보인다 하더라도, 그것은 자신의 비밀 벽장 문에 그려 온 그림일 뿐이라는 사실을 잘 알고 있다. 그것은 오래 전에 예수 그리스도께서 '회칠한 무덤'(마 23:27)에 대해 말씀하셨을 때 묘사된 모습이다. 그렇다면 우리 자신의 과거뿐만 아니라 전 인류의 짓눌린 쓰레기들이 썩고 있는 이 무덤 안에는 도대체 무엇이 있다는 말인가?

강력한 심리적 검열 기제가 그 비밀들을 지키고 있다. 어떤 사람이 자신의 비밀의 문을 부수고 들어가는 데 성공했다고 하더라도, 그는 자기 실존의 최후 비밀인 비밀 중의 비밀은 자신에게조차 전달되지 않고 표현될 수 없는 상태로 남아 있음을 느낀다. 정신 치료를 위한 대화를 나누다가 의사와 환자는 짧은 순간 그들 의식의 끝없는 심연을 어느 정도 감지할 수도 있다. 그러나 그들은 그것을 말로 표현할 수 없다. 기껏해야 눈물과 침묵 혹은 이미지로만 표현할 수 있을 뿐이다.

    이미지란 꿈의 언어다. 우리의 꿈은, 우리 자신에 관한 것이지만 그 동안 알지 못했던 우리의 비밀을 잠재 의식적 자아가 의식적 자아에게 속삭여 주는 통로가 된다. 우리가 꾼 꿈을 말할 때 특별한 정서를 갖게 되는 이유는, 바로 이런 사실 때문이다. 그러므로 우리는 누군가에게 꿈 이야기를 하면서, 우리 자신의 중요하고도 은밀한 부분을 밝힌다는 느낌을 갖게 되는 것이다. 이는 육감으로 극히 조금은 알 수 있지만 여전히 그 의미는 파악할 수 없다. 그래서 다른 사람의 꿈 이야기를 들으면 당황하게 된다. 모든 꿈은 말로 표현된 그 어떤 비밀보다 더 풍성하고 더 신비로운 비밀을 드러낸다.

5_
결혼 생활과 비밀

남편과 아내 또한 자신의 꿈을 이야기함으로써 최상의 교제를 경험할 수 있다. 이제, 지금까지 고찰해 왔던 비밀스러움에 대한 모든 요소들을 결혼 생활이라는 상황에서 다시 한 번 살펴보고자 한다. 먼저, '절제'는 앞서 언급된 숨김과 초연함 그리고 비밀과 관련된 문제라는 것을 주목해야 한다. 자신을 내어 주는 것, 즉 비밀을 털어놓는 것이 정말 가치 있으려면, 반드시 절제가 선행되어야 한다.

자녀들 내면에서 서서히 절제가 형성되어 갈 때는 부모도 그들의 절제를 민감하게 존중해 주어야 한다. 그렇지 못하면, 내가 상담 과정에서 수없이 보았듯이, 결국 부모는 자녀들에게 심각한 상처를 입히게 되고 그들의 장래 성생활까지도 위태롭게 할 것이다. 절제하지 못하고 너무나 쉽게 자기 육체를 내어 주는 젊은 남녀는, 성생활에서 자신을 소중히 간직한 뒤에 선물함으로써 얻게 되는 기쁨과 그 가운데서 느끼는 충만함을 알지 못할 것이다. 절제란 모든 사람들이 존중하는 자연스러운 본능으로서, 일생의 동반자로 선택한 상대방에게 자기를 좀더 완전히 선물하기 위해 스스로 소중히 간직하고자 하는 마음이다.

> 절제란 모든 사람들이 존중하는 자연스러운 본능으로서,
> 일생의 동반자로 선택한 상대방에게 자기를 좀더 완전히 선물하기 위해
> 스스로 소중히 간직하고자 하는 마음이다.

선택! 그렇다. 지금까지 특별한 친구, 즉 비밀을 말할 수 있는 친구를 선택하기까지에 관해 말한 모든 내용은, 이제 새로운 차원과 중요성을 갖게 될 것이다. 그 동안 우리는 아무리 친한 친구라고 하더라도 여러 명을 동시에 사귈 수 있었으며, 시간이 지나도 또 다른 친구를 여럿 사귈 수 있었다. 반면에 사랑의 관계란, 우정과 달리 너무나 완전하게 결합하기 때문에 나누어질 수 없다는 것을 모두가 직관적으로 알고 있다. 성적인 결속은 최상의 비밀이며 가장 개인적인 비밀인 자신의 육체를 상대방에게 선물하는 것이다. 즉 약혼자는 특별한 존재로 선택된 유일한 상대이다.

인간의 마음에는 '전부가 아니면 아무것도 아니다'라는 사랑의 법칙이 새겨져 있다. 자신의 육체를 선물하는 것은, 육체뿐 아니라 모든 비밀도 함께 선물한다는 의미에서 자신을 완전히 내어 주겠다는 결정을 상징한다. 약혼한 두 사람은 이렇게 말한다. "우리는 행복할 거예요. 왜냐하면 우린 서로에게 항상 모든 것을 말하기로 했거든요."

나중에 그들은 그것이 생각했던 만큼 쉽지 않다는 사실을 알게 될 것이다. 그러나 어쨌든 그들은 시작한다. 육체적 친

밀함과 마음속의 비밀을 털어놓는 것 사이에는 필연적으로 평행성과 동시성이 존재한다. 육체와 정신은 두 개의 레일과 같다. 기차가 덜컹거리지 않고 가려면 반드시 바퀴가 두 레일 위를 따라 함께 움직여야 하는데, 육체와 정신도 이 원리를 따르기 때문이다. 점점 더 친밀한 대화를 나누면서도 결코 키스나 포옹을 하지 않는 것이 불행이듯, 상대방을 향해 마음을 열지 않은 채 모든 단계를 뛰어넘어 바로 육체적 욕망을 분출시키는 것 또한 불행한 일이다. 서로를 알아 가고 자신을 내어 주는 이 두 가지 작업이 조화롭게 진행되면, 얼마나 훌륭한 결합을 이루는지 모른다.

남편과 아내가 각자 속에 꼭꼭 담아 두고 있던 응어리와 비밀의 장애를 제거하는 것은 사랑이 만들어 내는 기적이다. 사랑을 하고 있고 또 사랑을 받고 있다고 느낀다면, 당신은 자신을 표현할 수 있고, 이를 통해 자신뿐만 아니라 상대방을 발견할 수 있다.

정말이지 고백하기 어려운 것도 있다. 그러나 사랑한다면, 불가능해 보이던 것도 가능해질 것이다. 약혼한 남녀는 환자가 정신 분석학자에게 그리하듯 자신의 삶을 나눈다. 그들 사이에는 완전한 상호 교류가 일어난다. 그리고 그러한 교류를 통해 사랑은 영적 실체가 된다. 왜냐하면 영적인 것은 모두 서로 교류하기 때문이다.

그 중 한 사람이 자신을 너무 쉽게 표현하는 데 반해, 상대방은 내가 과거에 그랬듯이 자신의 감정을 표현하는 데 어려움을 느껴서 일반적이고 추상적이며 비인격적인 방식으로밖에 표현하지 못하는 경우, 두 사람 사이에 불편함이 자리잡게 된다. 약혼한 두 사람에게는 굵직한 사건들뿐만 아니라 용기를 내어 말하는 아주 사소한 일, 작은 비밀들까지도 중요한 의미를 지닌다. 이들은 상대방이 자신의 모든 것을 알고 듣고 이해하고 싶어하며, 자신의 모든 것에 관심을 가진다고 느낀다. 따라서 약혼 기간 동안 두 사람의 상호 발견은 계시의 성격을 띠게 된다.

그러나 정신 분석학자의 진료실에서 그러하듯, 모든 것을 다 털어놓았다고 생각하는 시점에서 참된 발견이 시작된다. 이미 지나가 버린 일이나 더 이상 중요하지 않은 기억들을 재발견하기 위해서는, 때로 양심의 문제와 씨름해야 할 것이다. 결혼 생활 내내 상대방에 대한 앎과 자신에 대한 앎은 평행을

이루며 발전해 나가야 한다. 이 작업은 숨김과 내어 줌—실천하기 어려운—의 교차 속에서 점차 달성될 것이다.

이제 달콤한 밀월 기간은 끝났다. 남편과 아내는 그 동안 자신이 착각했다는 것을 깨닫게 된다. 두 사람은 여태껏 자신의 모든 이상을 상대방에게 투사해 왔다. 그들은 사랑의 초기 단계에서 생기는 열정에 휩싸여, 상대의 실제 모습을 보기보다는 자신이 원하는 모습으로 상대를 보아 왔다. 그들은 자신이 가지고 있지 못한 특성들을 상대에게 부여해 온 것이다. 그들은 너무나 명백하고, 너무나 불쾌하고, 너무나 끈질긴 서로의 결점을 보지 못했다.

이제 두 사람은 상대방을 판단하기 시작한다. 그러나 상처를 주지 않기 위해 그 판단을 비밀로 간직하고자 하는 유혹을 받는다. 사실 상대방을 화나게 하는 주제들이 있다. 그래서 좋은 관계를 망치지 않으려면 그러한 주제들을 말하지 않는 편이 낫다고 여기게 된다. 아내는 남편에게 지난 기억들을 말하기를 주저한다. 자신과 친정 부모의 관계가 약간 틀어진 것에 대해 남편이 어떤 판단을 내릴지, 그것이 자신의 고백 때문에 더 강화되지 않을까 하고 두려워하는 것이다. 이제 이 부부는 가정의 평화를 위해서 혹은 자기도 모르는 사이에, 항상 모든 것을 말하자고 한 약속을 깨뜨리기 시작한다.

그들은 자기 속으로 움츠러들어서 평범하고 비인격적인 사실들만을 말한다. 그들은 서로에게 타인이 되어 간다. 어느 가정에서나 그러한 숨김의 행위가 일어난다. 또 프란시스와 그녀의 엄마처럼, 상대방이 너무 많이 캐물으면 화를 낸다. "도대체 뭐가 문제예요? 당신은 왜 그렇게 숨기려고만 드는 거죠? 당신은 내게 더 이상 아무것도 말하지 않는군요. 이제 나를 사랑하지 않나요? 난 당신이 내게 뭔가 숨기고 있다는 걸 느끼고 있어요." "아니오, 당신이 잘못 생각하고 있는 거요. 난 당신에게 아무것도 숨기는 것이 없소."

불편한 마음은 결국 천둥 번개가 치는 듯한 감정의 폭발로 발전하게 된다. 그것은 분명 괴로운 사건이지만 그럴 만한 가치가 있다. 성공적인 결혼 생활이란 갈등이 전혀 없는 생활이 아니라 갈등이 유용한 목적을 달성해 주는 생활이다. 화가 나면 오래 전에 털어놓았어야 할 사실을 과장된 방식으로 갑작스럽고도 무자비하게 말할지도 모른다. 아니면 부부가 함께 영화를 보고 집으로 오는 도중 식당에서 저녁 식사를 하며,

> 결혼 생활이란 단순히 한 번 반짝이고 사그라져 버리는 것이 아니라,
> 함께 살아가면서 끊임없이 경험하는 새롭고 경이로운 모험이다.

아주 간단하지만 진정한 대화를 시작할 수도 있다. 이 때 비로소 그 동안 막혔던 둑이 무너져 내린다. 단 한 번의 폭발에 의해서가 아니라 알아차리지 못할 만큼 서서히 일어나는 균열에 의해서 말이다. 실마리가 풀리면 대화는 밤이 깊도록 이어진다. 그들은 모든 것이 완전히 다시 시작되는 느낌을 받게 되고, 그 동안 잃어버렸던 서로에 대한 진실한 고백을 회복한다. 그러면서 각자 자신의 행동을 설명한다. 서로에게 밝혀야 할 비밀, 고백해야 할 보류된 비밀이 있었던 것이다. 그 때 희망이 다시 싹트게 된다.

결혼 생활이란 단순히 한 번 반짝이고 사그라져 버리는 것이 아니라, 함께 살아가면서 끊임없이 경험하는 새롭고 경이로운 모험이다. 이제 이들 부부는 서로를 이해하기 시작한다. 그들은 그 동안 얼마나 많은 비밀과 중요한 사실들을 숨겨 왔고, 상대를 비난하면서 얼마나 많은 오해와 편견을 품었는지 새삼 발견하게 된다. 사람이 진정으로 가슴을 열어놓는 순간, 그의 인격에 대해 이제껏 오해한 면들과 불명확했던 행동 동기들이 비로소 선명해진다. 이 때 우리는 그에 대한 생각을 교정해야만 한다.

어떤 부인은 결혼할 때 친정 어머니에게서 들은 조언을 내게 들려주었다. "남편에게 다 말해서는 안 된다. 위신을 유지하고 남편의 사랑을 지키려면 여자는 신비로움을 간직해야만 해." 이 얼마나 잘못된 생각인가! 그것은 사랑의 의미와 결혼의 의미를 인식하지 못하는 처사다. 투명성은 결혼 생활의 법칙이다. 남편과 아내는 고백—항상 새롭고 때로는 어려운—이라는 대가를 치르면서 투명성을 꾸준히 추구해 나가야만 한다. 이 투명성은 부부가 알지 못하는 사이에 약해지기 때문에 끊임없이 다시 세워 가는 작업이 필요하다.

사실 두 사람 모두에게 상대방에 대한 신비는 언제까지나 충분히 남아 있을 것이다! 자신에 대한 지식처럼 다른 사람에 대한 지식은, 결코 완성된 상태가 아니며 새롭게 발견하고 더 추구해야 하는 주기적인 움직임이다. 아내나 남편을 오해하게 만드는 가장 대표적인 원인은 상대방을 정말로 잘 안다고 생각하는 것이다. 상대에 대해 잘 알고 있다고 생각하기에, 더 이상 이해하려고 노력하지 않기 때문이다.

남편과 아내가 그들의 하나됨을 재확립하고 더욱 발전시키는 계기는 비밀의 교환이다. 비밀은 밝히지 않으면 화석처

럼 굳어져 버리는 특성을 갖고 있다. 더욱이 남편과 아내는 상대방이 자신의 고백을 이해해 주지 않을지도 모른다는 두려움을 항상 극복해야만 한다. 이것은 자신이 판단받는다는, 사람을 극도로 위축시키는 보편적인 공포다. 또한 이것은 경험이나 감정 혹은 마음을 짓누르는 양심의 가책을 털어놓을 때, 상대방이 그 가치를 과소평가하여 자신이 웃음거리가 되지 않을까 하는 두려움이기도 하다.

투명성의 추구는 결코 사소한 문제가 아니다. 왜냐하면 그것은 항상 새로워져야 하며 끊임없이 새로운 장애물을 극복해야 하기 때문이다. 그러나 함께 행복을 가꾸어 나가고, 아이들을 위한 건전한 가정 분위기를 창출해 내기 위해서뿐만 아니라 고정된 틀에 안주하지 않고 자신을 발전시키며, 서로를 풍요롭게 하고, 끊임없이 서로에 대해 새로운 것을 배워 나가기 위해서는 그런 수고를 할 만한 가치가 있다.

다음과 같은 결혼 생활을 예로 들어 보자. 남편은 육체적 욕구를 표현하는 것 외에는 자신의 사랑을 표현하지 못하는 데 반해, 아내는 낭만적인 교제에 열광하면서도 성적인 사랑에 대해서는 잘 표현하지 않는다. 생명력 있는 결혼 생활과

> '더 이상 둘이 아니고 하나'가 된다는 것은,
> 상대방이 자신의 영혼 깊은 곳까지 들여다볼 수 있도록 허락하는 것이며,
> 서로에 대해 어떤 비밀도 갖지 않는 것을 의미한다.

인격의 기본 조건은, 오해를 두려워하여 마음을 닫거나 체념하지 않고 자신의 행동을 설명하는 것이다. 왜냐하면 삶이란 그 자체로, 죽음으로 위협하는 모든 것에 끊임없이 대항하여 새롭게 시작하려는 투쟁이며, 결코 달성할 수 없는 승리, 그러나 값진 승리의 연속이기 때문이다.

투명성을 향한 이러한 노력은 시간을 요한다. 그러나 상대를 위한 시간을 어떻게 떼어놓아야 하는가를 아는 남편과 아내는 거의 없다. 그들은 부산스럽고 우왕좌왕하는 삶 속에 자신을 내맡겨 버린다. 그들은 많은 것을 함께하기 때문에 하나로 결속되었다고 믿는다. 그들은 극장이나 교회에 함께 가거나 낚시나 카드 게임을 함께 한다. 그러나 애석하게도 서로를 진정으로 발견하지 못한 채 삶의 길을 나란히 달려 왔다는 사실을 나중에야 알게 된다. '더 이상 둘이 아니고 하나'가 된다는 것은, 단순히 같은 사건을 겪거나 성관계를 가지는 것만의 문제가 아니다. 그것은 상대방이 자신의 영혼 깊은 곳까지 들여다볼 수 있도록 허락하는 것이며, 서로에 대해 어떤 비밀도 갖지 않는 것을 의미한다.

그것은 신중히 지켜야 할 직업상의 비밀이나 타인의 비밀

외에는 비밀을 갖지 않는 것이며, 울타리를 친 자신만의 개인 정원을 갖지 않고, 다른 방향으로 가지 못하도록 정지 신호를 설정하는 것을 의미한다. 예를 들면, 드물기는 하지만 매우 중요한 돈 문제에 관해서라면 서로에게 비밀이 없어야 한다. 왜냐하면 한 사람이 소비한 돈은 그가 개개의 사물에 부여한 가치의 지표이기 때문이다. 함께 검토하고 지출을 결정하는 것은 부부의 정신적 결속에 항상 도움을 준다. 단, 그렇게 하기 위해서는 부부라도 서로 취향이 다르듯이 각자의 삶이 따로 있다는 개념에 대항해야 한다.

자신이 얼마를 버는지 아내에게 말하지 않으려고 신경을 곤두세우는 남편들이 있다. 오늘날은 아내들도 마찬가지다. 흔히 이들은 자신의 수입은 개인적인 돈이고, 그것으로 무엇을 하든지 서로 간섭해서는 안 된다고 생각한다. 남편은 아내가 자신의 총수입을 알게 된다면, 절약하라고 자신이 끊임없이 잔소리해도 아내가 더 많은 돈을 쓰고 싶어 안달할까 봐 두려워한다. 하지만 이러한 비밀스런 정책을 쓰는 남편을 둔 아내는 돈을 누구보다도 헤프게 쓰게 된다. 왜냐하면 자신의 소비 형태에 대해서 남편과 책임을 전혀 공유하고 있지 않기 때문이다. 아무것도 모르는 그녀는, 열린 대화와 토론을 통해 부부가 계속 개선해야 할 사항을 판단할 재간도 없는 것이다.

돈을 너무 많이 쓴다고 계속 남편에게 핀잔을 들으며 이대로 가면 결국 파산하게 될 것이라는 말을 듣는 아내는, 남편이 필요하다고 판단하거나 정말 원할 때는 갑자기 어마어마한 액수의 돈이라도 쓸 수 있다는 사실을 이미 알고 있다. 남편은 자신만의 비밀 계좌를 가지고 있음이 틀림없다. 상대방이 지출을 늘릴까 두려워한 나머지, 자신의 소비 내역 일부를 감추는 부부도 많다. 남편은 사냥할 때 돈을 얼마나 썼는지 그리고 아내는 미용실에 가서 얼마를 썼는지 숨기는 것이다. 그러나 아내는 꽤 진지하게 남편을 위해 미용실에 간다고 생각하고 있다. 정작 자신은 잘 깨닫지 못하지만 미용사에게 자신의 비밀을 털어놓을 수 있기 때문에 미용실을 찾기도 한다. 실제로 정신 분석학자의 역할을 하는 미용사들이 있다. 어떤 미용사들은 자기가 들은 동네의 온갖 비밀들을 공공연히 퍼뜨리기도 한다.

반면에 아내에게 낮에 있었던 일을 차근차근 이야기해 주는 남편도 있다. 그는 아내에게 치과에 갔고, 부장과 중요한

회의를 가졌으며, 정말이지 바쁜 하루였다고 이야기한다. 하지만 짬을 내어 아내가 별로 달갑게 생각하지 않는 자신의 오랜 친구와 만나 커피숍에서 이야기를 나누었다는 것은 말하지 않는다. 왜냐하면 그 친구는 이혼을 했고, 지금 방탕한 삶을 살고 있으며, 게다가 입심이 좋아서 그 친구를 만나고 오는 날이면 남편이 공격적으로 변한다고 아내가 주장해 왔기 때문이다.

또 다른 비밀도 많다. 예를 들면, 남편이 책상 서랍 속에 조심스럽게 숨겨 놓은 편지들도 있지만, 그와는 반대로 남편이 의도적으로 의심스러운 편지를 호주머니 밖으로 반쯤 빼놓기도 한다. 더 이상 비밀을 감출 수 없게 되었으나 그렇다고 털어놓고 고백할 용기도 없기 때문이다.

시간이나 돈의 사용에 관련된 문제든, 결혼 생활에서 엄격하게 순결을 지키는 문제든 혹은 약간 사소한 듯하지만 실상은 중요한 문제—감정적 반응, 명백히 어리석은 두려움, 다소 사소한 불평, 불필요한 망설임, 어린애 같은 변덕, 결코 이루어질 수 없을 것 같은 소망, 부당한 의심, 선의의 작은 거짓말, 마음을 어지럽히는 낯선 종교 체험, 아무 근거도 없는 무시무

> 🍃 부부는 항상 상대방이 마음을 편하게 갖고 털어놓도록 서로 도와주어야 한다.
> 아내 쪽에서 지나치게 신중하면 오히려 남편이 털어놓는 것을
> 부담스러워하게 되고, 그 반대도 마찬가지다.

시한 예감, 자아 도취적 공상, 고뇌에 찬 근심—든, 서로 다 털어놓자던 약속을 지키기란 항상 어려운 것이다.

그러나 남편과 아내는 적절한 시기에 적절한 정도의 비밀을 밝혀야 한다. 어떤 남자가 특정한 비밀을 아내에게 밝혀야만 하는지를 물어 왔을 때, 나로서는 그녀가 그것을 듣기에 적절한 상태인지 아닌지를 알 수 없었다. 요컨대 우리는 모든 것을 말한다는 것이 매우 어렵고 미묘한 문제임을 알아야 한다. 부부는 항상 상대방이 마음을 편하게 갖고 털어놓도록 서로 도와주어야 한다. 아내 쪽에서 지나치게 신중하면 오히려 남편이 털어놓는 것을 부담스러워하게 되고, 그 반대도 마찬가지다.

남편과 아내는 상대에게 몰래 탐지당한다고 느껴서는 안 된다. 상대방 앞에서 충분히 자유로우며 존중받고 있다고 느껴야 한다. 지나친 호기심과 재치의 부족은 서로 비밀을 털어놓는 데 걸림돌이 된다. 만약 상대방이 말하고 있는 중이라면, 중간에 너무 열렬하게 동의한다든지, 때에 맞지 않는 비평을 한다든지, 섣부른 충고를 함으로써 방해하지 않는 것이 중요하다. 나는 남편들이 그러한 갑작스런 기습 공격을 받은 뒤에

침묵하게 되는 경우를 무수히 보아 왔다. 그 순간 그들은 아래로 걸쳐놓은 다리를 재빨리 끌어올려 길을 차단하고는 자신의 성에 꼭꼭 숨어 버린다.

그렇지만 남편과 아내가 꼭 지켜야 하는 비밀도 많다. 아내가 하는 모든 일을 어머니에게 말하는 남편 혹은 결혼 생활의 비밀을 무모하게 친구에게 말해 버리는 아내는 파괴적인 방식으로 자신의 행복을 깨뜨리는 것이다. 그리고 이런 상태에서는 일단 말문이 터지고 나서 개인적인 고민을 드러내는 데 제한을 두기가 더 어려워진다. 당신의 남편이나 아내를 조심스럽게 존중해 주는 것은 바로 당신 자신과 결혼 생활을 존중하는 것이다.

나는 탁자 위에 아내에게 온 편지나 엽서가 펼쳐져 있어도, 아내가 읽어 보라고 권하지 않는다면 절대 내 마음대로 읽지 않는다. 아내 역시 사려 깊게도 빈둥거리며 혼자 있고 싶어하는 나만의 작업실에 발을 들여놓지 않아서 매우 행복하다. 뿐만 아니라 아내는 일상 생활의 과도한 속박으로부터 벗어나기 위한 방책의 일환으로 내가 아무렇게나 늘어놓고 작업실을 사용해도 아무런 비판을 하지 않는다. 그녀는 휴가를 보내기 위해 온 이 호텔에서도 마찬가지다. 이 책을 쓰고 있는 지금, 내 주위에는 아무도 없다. 아내는 세심하게도 내 옆에 와서 앉지 않는다. 낯선 사람들이 내 옆에서 카드 게임을 하는 것은 방해가 되지 않지만, 자신이 옆에 있으면 아무 말도 않고 가만히 있어도 작업에 방해가 된다는 사실을 그녀는 잘 알고 있는 것이다.

하지만 이런 문제를 이해하는 아내가 과연 얼마나 될까? 아내의 고집 때문에 남편이 떠나가 버리고 친밀한 관계를 상실하는 일이 얼마나 허다한가? 의견의 차이를 전혀 경험해 본 적이 없고 항상 옆에만 붙어 있으면서 상대방의 곁을 떠나지 못하는 부부가 있다면, 그들은 자신들이 믿는 만큼 아직 하나로 결속되어 있지 못한 것이다. 왜냐하면 그들은 자유롭지 못하기 때문이다. 하나가 되려면 먼저 자유로워야 한다. 완벽해 보이는 그들의 일체감은, 사실은 잠재 의식 속에 들어 있는 억눌린 욕구, 즉 자율권을 바라는 욕구에 대한 의식적인 '과잉 보상 심리'(심리학 용어로 열등감을 가진 사람의 지나친 반발 심리—역주)에 불과할지 모른다.

이 얼마나 미묘한 문제인가? 만일 내가 권위적으로 아내에

게 내 일에 절대 참견하지 못하도록 한다면 우리의 좋은 관계를 망쳐 버릴 것이다. 그러나 반대로 아내가 내게 지나친 참견을 조심스레 삼간다면, 그녀는 미묘한 차이로 우리의 삶을 더욱 조화롭게 만드는 것이다. 대부분의 남자들은 자신이 인정하는 것보다 그리고 그들의 아내가 생각하는 것보다 더욱 민감하다. 유감스런 일이지만 아내에게 이러한 분별이 없다면, 남편은 그녀의 일이 아닌 경우에 대해서는 제발 참견하지 말아 달라는 말을 할 수밖에 없다. 결국 아내는 남편이 비밀을 밝히기를 열렬히 바라면서도 실제로는 최소한의 것밖에 얻어 내지 못한다.

더할 나위 없이 친밀한 부부는 서로에 대한 세심한 배려로 친밀함을 더해 가지만, 서로 마음의 문을 닫아 버린 부부는 그들을 갈라놓은 도랑을 더 깊이 파게 될 것이다. 만약에…만약에 그 말라 버린 물을 새롭게 채우는 것, 즉 한 사람에게 태도의 변화나 내적인 회심 같은 것이 생겨나지 않는다면 그들은 점점 더 멀어질 것이다.

잠시 후 이 페이지를 다 쓰고 나서 나는 아내를 만나 볼 생각이다. 그녀와 함께 말라가(Malaga: 스페인 남부의 항구 도

시로 포도주가 유명하다—역주)의 눈부신 태양과 깊이 드리운 그늘 아래를 거닐거나, 장엄한 석양을 감상하며 굽어진 길을 따라 말라가 요새에 오를 것이다. 원래 우리는 말수가 적은 편이다. 그리고 둘 다 워낙 조용한 것을 좋아한다. 우리의 삶은 너무나 흥미진진해서 그 동안 수다 떠는 취미를 잃어버리고 살았다. 하지만 우리는 모든 것에 관심을 가지고 있다. 예를 들어, 지나가는 사람이 입고 있는 예쁜 옷이나 장난기 가득한 미소를 지닌 아이, 아무 걱정 없는 표정으로 자고 있는 새끼 고양이, 가장 맛있는 커피를 만드는 커피숍 등이 우리의 주요 관심사다. 살아가면서 많은 말은 필요없다. 단 한 마디면 친밀함을 조성하기에 충분하다.

우리는 천성적으로 조용하다. 나는 더욱 그렇다. 그러한 내 성격이 남들에게 불쾌감을 주지 않을까 하고 걱정할 정도다. 예를 들어서, 나는 전쟁 중에 동료들이 무엇을 생각하고 있는지 궁금했다. 그 난리 중에도 장교들이 서로 이야깃거리를 찾을 수 있었다는 것은 놀라운 일이다. 그들 입에 매일 반복적으로 오르내리는 주제들이 있었다. 예를 들면, 보(Vaud)와 발레(Valais) 산(産) 포도주의 상대적 장점 같은 것들이었다. 그

> 남편과 아내가 서로를 속박하거나 강요하지 않고도 서로를 발견할 수 있는
> 왕도(王道)가 있다. 함께 하나님 앞에서 교제하고,
> 기도와 묵상 가운데 하나님으로부터 얻는 생각을 교환하는 것이다.

러한 문제에 대해서 나는 아는 바가 거의 없었고 또 무엇을 말해야 할지도 몰랐다. 그럼에도 나는 그 친구들을 모두 좋아했다. 한번은 우리 부대 대위와 함께 인터라켄 역에서 기차를 기다리다가 천성적으로 조용한 나의 성격에 대해 물어볼 기회를 얻었다. 나는 한참을 망설이다가 갑자기 용기를 내어 물어보기로 했다. "대위님은 제가 말수가 무척 적다고 생각하시죠? 혹시 그것 때문에 기분이 상하지는 않으십니까?" 잠시 머뭇거리다 그가 대답했다. "아니, 전혀 그렇지 않네. 끼어들지 않는 침묵이 있지만, 자네는 침묵하면서도 화제에 동참하는 경우라네." 나는 안심했다!

남편과 아내가 서로를 속박하거나 강요하지 않고도 서로를 발견할 수 있는 왕도(王道)가 있다. 함께 하나님 앞에서 교제하고, 기도와 묵상 가운데 하나님으로부터 얻는 생각을 교환하는 것이다. 그러한 경우에 부부는 전적으로 솔직해야 한다. 상대방이나 그가 던지는 질문 때문에 그래야 하는 것은 아니다. 솔직함은 하나님에 대한 충성과 우리 자신에 대한 성실성 때문에 요구되는 것이다.

이러한 묵상을 하다 보면, 밝히기보다는 깊숙이 감추고 싶고, 생각조차 하기 싫으며 구체적으로 떠올리기도 싫은 기억, 인상, 후회, 신념이 떠오르게 마련이다. 하지만 묵상의 본질은, 하나님의 임재가 요구하는 상호 존중 때문에 이러한 생각들에 정직하게 반응하는 것이다. 만약 당신이 공책에 자신의 생각을 적어 왔다면, 그것을 솔직히 말하는 것은 훨씬 더 수월해진다. 나는 많은 부부들이 이러한 교제를 잠시 나누다가 중도에 포기하는 것을 보았다. 그들은 하나님과 교제 중에 얻은 생각이라면 어떠한 것이든 서로에게 말해야 하는 이 엄격한 게임을 계속할 자세가 되어 있지 않았던 것이다. 하나님 앞에서 비밀이란 없다. 그렇기 때문에 하나님 앞에서 함께 묵상하는 부부는 서로의 가장 내밀한 생각과 감정을 알게 된다.

6_
하나님의 비밀

그렇다. 하나님 앞에서는 비밀이 없다. 이 진리는 상당히 중요한 의미를 지닌다. 우리 자신을 알게 되는 가장 좋은 방법은, 하나님이 우리를 살피시도록 우리를 그분께 내어 맡기고, 그분이 우리에게 말씀하시는 바를 듣는 것이다. 왜냐하면 하나님은 우리가 스스로를 아는 것보다 우리를 훨씬 더 잘 알고 계시기 때문이다. 그분은 우리의 모든 비밀을 알고 계신다. 어떠한 비밀도 그분을 벗어날 수는 없다. 예수님은 하나님이 우리의 머리카락조차 세고 계시다고 말씀하셨다(마 10:30). 시편 기자는 다음과 같이 노래했다.

"여호와여 주께서 나를 살펴보셨으므로 아시나이다.…내가 주의 영을 떠나 어디로 가며 주의 앞에서 어디로 피하리이까. 내가 하늘에 올라갈지라도 거기 계시며 스올에 내 자리를 펼지라도 거기 계시니이다.…내가 혹시 말하기를 흑암이 반드시 나를 덮고 나를 두른 빛은 밤이 되리라 할지라도 주에게서는 흑암이 숨기지 못하며 밤이 낮과 같이 비추이나니 주에게는 흑암과 빛이 같음이니이다"(시 139:1, 7-8, 11-12).

🍃 우리 자신을 알게 되는 가장 좋은 방법은,
하나님이 우리를 살피시도록 우리를 그분께 내어 맡기고,
그분이 우리에게 말씀하시는 바를 듣는 것이다.

바로 이것이 많은 사람들을 당황케 하는 것이다! 신앙심 깊은 한 부인이 내게 다음과 같이 편지를 썼다. "제가 참을 수 없는 것은…그분이 항상 결정적인 말씀을 하셔서 제가 이러쿵 저러쿵 변명하지 못하게 하신다는 거예요!"

하나님은 우리의 모든 비밀을 알고 계시지만, 우리가 직접 그것들을 말하기 원하신다. 그분은 우리의 필요와 욕구와 두려움과 소원을 모두 알고 계신다. 그럼에도 우리가 기도 중에 그것들을 표현하기 원하신다. 그것은 내가 오랫동안 이해하기 어려웠던 역설적인 사실이다. 하나님이 모든 것을 알고 계신다면 기도는 왜 해야 하는가? 우리가 상대에게 무엇인가를 고백할 때는 그가 알지 못하는 사실을 말하는 것이다. 하지만 우리가 무슨 말을 하더라도 하나님은 이미 알고 계시지 않은가? 시편 기자는 다음과 같이 말한다. "여호와여 내 혀의 말을 알지 못하시는 것이 하나도 없으시니이다"(시 139:4).

그러므로 우리가 비밀을 하나님 앞에 내어놓는 것은 그분이 모르는 사실을 알리기 위함이 아니다. 그렇다면 왜 하나님께 우리의 비밀을 말씀드려야 하는가? 그것은 하나님이 우리의 인격을 존중하시기 때문이다. 하나님은 마치 남편이 아내

에게, 환자가 의사에게, 어린 프란시스가 친구에게 털어놓듯이 우리가 비밀을 자유롭게 고백하기 원하신다. 이러한 고백을 통해, 무한한 인내와 신중함을 지니신 그분에 대한 우리의 신뢰와 사랑을 실제로 증명하기를 기다리고 계신다.

하나님의 기다림은 매우 감동적이다. 그분은 우리에 대해 모든 것을 알고 계심에도 불구하고, 우리가 그분을 믿고 의지하는 친구로 선택하기를 기다리신다. 중요한 것은 그분이 우리의 비밀을 알게 되었다는 사실이 아니라 우리가 그분께 비밀을 고백했다는 점이며, 그럼으로써 우리가 그분께 우리의 존재를 알리고자 하는 의지를 명백히 표출했다는 점이다. 더욱이 우리가 하나님 앞에서 비밀을 고백하지 않는다면, 완전한 내적 해방을 경험할 수 없다. 비밀을 고백할 때, 비로소 우리는 하나님 앞에서 자신을 책임 있는 존재로 느끼게 된다.

"내가 입을 열지 아니할 때에 종일 신음하므로 내 뼈가 쇠하였도다.…내가 이르기를 내 허물을 여호와께 자복하리라 하고 주께 내 죄를 아뢰고 내 죄악을 숨기지 아니하였더니 곧 주께서 내 죄악을 사하셨나이다"(시 32:3, 5).

하나님은 우리의 비밀을 존중하신다. 나는 그렇게 생각한다. 하나님은 우리가 오랜 세월 동안 말하지 않고 숨긴 사실을 받아들이신다. 그분은 우리에게 강요하지 않고 기다리신다. 여기에서 다시 한 번, 개인을 형성하는 첫 번째 행동인 숨김, 즉 비밀을 간직할 권리를 찾아볼 수 있다. 그것은 비밀을 고백할 때 반드시 전제되어야 한다. 그럴 때 비로소 고백이 자유로운 행동의 가치를 지니기 때문이다.

그렇다. 하나님과의 관계에서, 인격체의 형성을 나타내는 '숨김과 내어 줌'의 교차를 발견하게 된다. 하나님은 우리가 인격체가 되기를 원하신다. 그 때문에 하나님은 우리의 반항과 과묵함과 불순종을 존중해 주신다. 그러한 과정들을 거친 뒤에야 우리의 순종과 고백과 경배가 진정한 것이 될 수 있다. 한 번도 의심해 보지 않은 사람은 참된 신앙을 발견하지 못한 사람이다. 하나님 앞에서 한 번도 "아니오"라고 말한 적이 없는 사람은 진실로 그분께 "예"라고 말한 적이 없는 사람인 것이다.

우리는 하나님과의 관계에서, 모든 영적인 것의 특징인 '상호성'을 다시금 발견한다. 하나님은 우리가 그분을 신뢰할

수 있는 친구로 선택할 때까지 기다리면서 먼저 그분의 비밀을 밝히신다. 하나님은 우리에게 말씀하셨다. 지금도 우리에게 매일 말씀하신다. 그렇게 하심으로써 우리를, 그분의 말씀에 귀기울일 수도 귀를 막을 수도 있고, 대답할 수도 거절할 수도 있는 존재로, 자유로운 인격체와 대화의 상대로 여기신다는 것을 증명하신다.

하나님이 먼저 말씀하신다. 하나님이 먼저 사람에게 다가오셔서 친밀하게 말씀하신다. 그것은 지극히 놀라운 사실이며, 구약과 신약이 전하는 메시지의 본질이다. 하나님은 예수 그리스도 안에서 우리에게 오시고, 예수 그리스도를 통해서 자신을 밝히셨다. 예수님은 한편으로는 오해와 마찰과 물러섬을, 다른 한편으로는 귀중한 만남과 열정적인 교제를 경험하셨다. 하나님은 인간이 예수님을 십자가에 못박기까지 그분을 거절할 수 있는 권리를 존중해 주셨다. 그 때 십자가의 예수님은 자신이 하나님에게 버림받았다고 느끼셔야 했다. 나중에 있을 부활의 영광은 성 금요일의 일시적 어둠과 무덤의 비밀에 그 찬란함을 내주어야 했다.

이러한 사실은 성경의 초반부에서부터 택한 백성의 역사

와 선지자들의 이야기에 이르기까지 가득 차 있다. 하나님은 사람에게 말씀하시고, 그에게 자신을 계시하신다! 계시란 하나님 스스로 자신의 비밀을 전달하시는 것이다. 만약 하나님이 자신의 비밀을 우리에게 말씀하시지 않았다면, 우리는 그분의 자비와 의도와 사역 그리고 계획을 결코 확실히 알 수 없었을 것이다. 하나님을 철학자들의 비인격적인 신과 분명히 구분 짓는 점은, 그분이 천상에 홀로 머물러 계시지 않고 함께 대화할 수 있는 상대, '자신의 형상을 따라' 창조된 상대를 스스로 선택하신다는 사실이다. 먼저 말하는 쪽은 항상 하나님이다. 모든 것은 하나님의 말씀과 함께 시작한다. 인간의 말은 응답일 뿐이다.

더욱이 하나님이 말씀하시는 상대는 전체로서의 인류도 아니고 위대한 선지자도 아니다. 그분은 우리 각자에게 말씀하시며, 우리 한 사람 한 사람에게 개인적으로 관심을 기울이신다. 그리고 우리에게 개별적으로 말씀하실 뿐만 아니라 우리가 말하는 바를 개별적으로 들으신다. 바로 그것이 우리를 인격체로 만드는 과정을 완성한다. 완전한 의미에서 인격체란, 다른 사람들뿐만 아니라 하나님과도 인격적인 관계를 맺

> 완전한 의미에서 인격체란, 다른 사람들뿐만 아니라
> 하나님과도 인격적인 관계를 맺고 있는 인간을 말한다.

고 있는 인간을 말한다. 이것이 개인을 형성하는 셋째 단계다. 아직 하나님과 인격적인 만남을 경험하지 못했고 그분과의 어려운 대화를 받아들이지 못했다면, 정도의 차이만 있을 뿐 인간은 여전히 본능과 반사 작용에 따라 자동적으로 움직이는 무책임하고 지각없는 어린아이에 지나지 않는다.

개인을 형성하는 첫 단계는 숨김이다. 즉 사적인 비밀을 만들어 냄으로써 그는 개인이 된다. 둘째 단계는 자유롭게 선택한 누군가에게 이러한 비밀을 자유롭게 내어 주는 것이며, 그러한 과정을 통해 타인과 더불어 상호 인격적인 관계와 사랑을 경험하게 된다. 그리고 셋째 단계는 하나님과의 관계 속에서 이러한 두 가지 경험을 함께하는 것이다. 즉 우리를 하나님과 구별된 존재로 인식하고, 자유롭게 그분을 선택한 후, 우리의 비밀을 말함으로써 그분과의 상호 인격적인 관계를 알아 가며 그 사랑을 체험하는 것이다.

이는 오랫동안 집을 떠났다가 아버지와 멋진 재결합을 이룸으로써, 한 번도 집을 떠난 적이 없는 맏아들이 질투하게 된다는 탕자의 비유가 의미하는 바와 유사하다(눅 15:11-32).

그렇지만 하나님과 대화를 시작하는 것은 결코 쉬운 일이 아니다. 이것은 정신 치료나 결혼의 모험과는 다르다. 물론 세 가지 상황에도 숨김과 내어 줌, 거절한 뒤에 자신을 보여 주는 것, 비밀과 고백이라는 유사점이 있긴 하지만, 정신 치료나 결혼은 단 하나의 결정적 경험을 예표할 뿐이다. 즉 의사나 배우자가 아닌 하나님과의 만남을 제한적으로나마 보여 주는 데 불과하다.

나는 하나님과 너무나 풍성한 교제를 나눈 후에 영적 삶에 찾아 드는 단절, 즉 비참한 역전, 어두운 시간, 버림받은 것 같은 고독감, 다른 말로 하면 비밀스러움을 받아들이기 어려워하는 사람들을 많이 보아 왔다. 그들은 인간 관계에서는 이러한 현상을 자연스럽게 받아들일 수 있었다. 사람은 항시 불완전하기 때문에, 그들과의 교제가 힘들어지는 경우에는 언제든 그것이 상대방의 잘못이라고 생각할 수 있었다. 하지만 우리가 함께한 분은 하나님이 아닌가? 그분은 너무도 완전하시다. 그렇다면 어떻게 이러한 어려움들을 설명할 수 있단 말인가?

그 대답은, 하나님은 말씀하시는 하나님이기도 하지만 또한 침묵하시는 하나님이라는 사실에 있다. 그분은 우리에게 자신을 계시하시는 하나님이다. 그러나 그분은 우리에게서

숨어 계시는 분이기도 하다. 바울은 아테네의 아레오바고 앞에서 다음과 같이 선언했다. "그는[하나님은] 우리 각 사람에게서 멀리 계시지 아니하도다." 그러나 그는 이렇게 한정했다. "이는 사람으로 혹 하나님을 더듬어 찾아 발견하게 하려 하심이로되"(행 17:27).

하나님을 더듬어 찾으라! 이 말은 빛과 어둠, 계시와 침묵, 확실성과 불확실성의 교차를 아주 잘 표현해 준다. 하나님을 향해 가는 우리의 노력은 항상 이러한 양상을 띤다. 하나님은 죽은 하나님이 아니시다. 하나님은 우리가 충분한 시간을 두고 그분을 분석하도록 허용하신다. 그분은 생명체의 고동과 리듬을 모두 가진, 살아 계신 하나님이다.

하나님과의 친밀함이 계속적으로 발전되어 가는 것은 바로 이러한 어려움이 있기 때문이다. 정신 분석학자가 거두는 성공이나 결혼한 남녀의 하나됨은 단번에 영원히 이루어지는 것이 아니다. 그것은 많은 난관을 통해서 새로워져야 하고 깊어져야 한다. 만약 우리가 하나님의 모든 비밀을 쉽게 가로챌 수 있다면, 그것을 더 이상 소중히 여기지 않을 것이다. 하나님에 대한 지식은 완성된 상태에 있는 것이 아니다. 그것은

> 하나님은 창조주로서, 피조물인 인간들과는 언제나 측량할 수 없는 거리를 두고 계신다. 우리는 그분에 대해서 겨우 몇 줄기의 섬광과 그림자만 감지할 수 있을 뿐이다.

어렵지만 끊임없이 재발견되어야 한다. 하나님은 우리를 위한, 우리 각 사람을 위한 계획을 매순간 가지고 계신다. 하나님의 계획이란 무엇인가? 바로 하나님이 간직하고 계신 비밀이다. 우리는 그것을 밝혀내기 위해 부단히 노력하며, 그분을 더듬어 찾는다. 우리의 잘못을 통해 하나님을 더 많이 알게 되는 경우는 아주 흔하다. 우리는 가끔 희미하게 하나님의 계획을 인식하거나 그분의 음성을 듣는다. 그러나 곧 그것을 의심해 버리고 혼돈에 빠져든다.

이렇듯이 하나님을 추구하는 모든 과정에는 비밀스러움이 많이 요구된다. 예수님은 다음과 같이 말씀하셨다. "너는 기도할 때에 네 골방에 들어가 문을 닫고 은밀한 중에 계신 네 아버지께 기도하라…"(마 6:6). 묵상이란 하나님이 우리 마음의 비밀스런 곳에 속삭이실지도 모르는 비밀을 은밀하고 참을성 있게 기다리는 것이다.

모든 종교는 비전(秘傳)된 신의 비밀에 성스러운 의미를 부여하고 있다. 신의 깊은 비밀을 통찰한 존경받는 신비주의자들은 그 비밀을 신중하고도 어렵게 표현한다. 가장 위대한 비밀은 말로 표현할 수 없는 것이다. 하나님과의 만남에서 인

생의 비밀을 발견한 듯하지만 그것을 말로 표현할 수 없는 경우가 가끔 있다. 그것은 경건하게 존중해야 할 하나님과 우리 사이의 비밀이다.

가장 경이로운 체험을 한 직후에도 하나님에 대한 우리의 지식이 여전히 부족하다는 것을 느끼게 된다. 모든 존재가 지닌 최후의 신비는, 늘 우리를 피해 가며 결코 온전히 파악할 수 없는 것이다. 차원은 다르지만 우리가 하나님께 다가갈 때도 마찬가지다. 하나님은 창조주로서, 피조물인 인간들과는 언제나 측량할 수 없는 거리를 두고 계신다. 우리는 그분에 대해서 겨우 몇 줄기의 섬광과 그림자만 감지할 수 있을 뿐이다.

일생 동안 하나님과 가까워지려고 분투했고 또 그토록 가까이 살다 간 모세는 이것을 경험했다. 모세가 하나님의 영광을 보여 달라고 간청하자 그분은 다음과 같이 말씀하셨다. "보라 내 곁에 한 장소가 있으니 너는 그 반석 위에 서라. 내 영광이 지나갈 때에 내가 너를 반석 틈에 두고 내가 지나도록 내 손으로 너를 덮었다가[이것이 하나님의 비밀이다!] 손을 거두리니 네가 내 등을 볼 것이요 얼굴은 보지 못하리라"(출 33:21-23).

사도 바울은 다음과 같이 말하고 있다. "우리가 지금은 거울로 보는 것같이 희미하나 그 때에는 얼굴과 얼굴을 대하여 볼 것이요…"(고전 13:12). 그렇다. 바울은 그 때, 즉 '온전한 것이 올 때'(고전 13:10)를 말하고 있다. 주님이 오셔서 죽음을 심판하신 후에는 더 이상 어떠한 비밀도 없을 것이다.

주

1_ 비밀의 필요성

1) Louis Tournier, *Les Enfantines*, Jeheber, Geneva.
2) Georges Gusdorf, *La découverte de soi*, Presses Universitaires de France, Paris, 1948.
3) C. G. Jung, *Traumereien und Memoiren*.

2_ 개인에 대한 존중

1) Dr. Suzanne Miguel, *Vers une médecine de la personne*, Thesis, Montpellier, 1963.
2) Landsberg, *Essai sur l'expérience de la mort*, followed by *Problème moral du suicide*, Le Seuil, Paris, 1951.
3) "Médecine, quatrième pouvoir?" Introduction by Emmanuel Mounier, *Esprit*, March, 1950.

4_ 정신 치료와 비밀

1) Dr. Alphonse Maeder, *Vers la guérison de l'âme*, Delachaux & Niestlé, Neuchâtel, 1946.
2) Dr. P. Plattner, *Médecine de la Personne*, R. K. Arsenblad, April, 1950.
3) Dr. Alphonse Maeder, *La Personne du médecin, un agent psychothérapeutique*, Delachaux & Niestlé, Neuchâtel, 1953.
4) Dr. Michael Balint, *Le médecin, son malade et la maladie*, P. U. F., Paris, 1960.

옮긴이 소승연은 총신대에서 신학을 공부했고, 동 대학원의 석사 과정을 밟았다. 저서로 「새로운 동반자 중국 대륙을 가다」(공저, 을유문화사)가 있다.

비밀

초판 발행_ 1995년 12월 30일
초판 12쇄_ 2003년 9월 20일
개정판 발행_ 2005년 5월 10일
개정판 8쇄_ 2018년 8월 14일
무선판 발행_ 2022년 6월 15일
무선판 2쇄_ 2024년 5월 30일

지은이_ 폴 투르니에
옮긴이_ 소승연
펴낸이_ 정모세

펴낸곳_ 한국기독학생회출판부
등록번호_ 제2001-000198호(1978.6.1)
주소_ 04031 서울시 마포구 동교로 156-10
대표 전화_ (02)337-2257 팩스_ (02)337-2258
영업 전화_ (02)338-2282 팩스_ 080-915-1515
홈페이지_ http://www.ivp.co.kr 이메일_ ivp@ivp.co.kr
ISBN 978-89-328-1936-5

ⓒ 한국기독학생회출판부 1995, 2005, 2022

책값은 뒤표지에 있습니다.
무단 전재와 복제를 금합니다.